やさしく学ぶ経営学
Introduction of business administration

吉沢 正広 編著

学文社

執筆者紹介

井上　善美	諏訪東京理科大学専任講師（第3章，第4章）
関谷　次博	中京学院大学教授（第5章）
手嶋　慎介	愛知東邦大学准教授（第8章，第9章）
鳥居　陽介	諏訪東京理科大学専任講師（第13章，第14章）
平尾　　毅	諏訪東京理科大学准教授（第6章，第7章）
藤田　順也	広島経済大学准教授（第10章）
祝田　　学	岡崎女子短期大学准教授（第15章）
山内　昌斗	広島経済大学准教授（第2章）
山縣　宏寿	諏訪東京理科大学専任講師（第11章，第12章）
＊吉沢　正広	諏訪東京理科大学教授（第1章）

　　　　　　　　　　　　　　　　　　　（五十音順，＊は編著者）

はじめに

　読者の皆様に『やさしく学ぶ経営学』をお届けします。経営学といえば，読者の方々は，多くの著名な研究者を思い浮かべることでしょう。その中の一人である「経営学の父」（アメリカ生まれ）と称されるテイラー生誕から160年ほどになります。彼の主著になる『科学的管理の原理』を著したのが1911年で，今から100年ほど前のことでした。この著書は，出版されるや大きな議論を巻き起こし，従来の管理法に根本から変革を迫りました。テイラーの考えは，新しい管理の体系を生産現場からの立場で論述しており，その考え方は急速に普及していきました。以来，経営学は幾多の研究者の手により学際的な研究成果を吸収しつつ優れた成果が世に問われ，現在に至っています。

　数年前ドラッカーの『マネジメント』をモチーフに，マーケティングやイノベーションという用語を織り込んだドラマが登場し，ドラッカー・ブームが起こったことは記憶に新しいと思います。経営学を専攻する研究者や大学で経営学を学ぶ学生にとって，日常的に接する用語がそのなかで使われたことにより，それらの用語は広まり，経営学やマネジメントがより身近なものとなった感があります。また，企業などで働く方々にとっても，それらの知識は，重要なスキルとなりました。

　本書は，経営学に対するニーズがますます高まる状況を踏まえ，多くの読者の方々に経営学やマネジメントについてわかりやすく学んでもらいたいと願い，企画されました。たくさんの読者が経営学やマネジメントに接し，それらを駆使し役立ててもらいたいと願いました。そこで，日頃各大学で経営学関連の科目を担当している先生方に声をかけ，わかりやすく学べる経営学の著書を作成したいと提案したところ各位が執筆に賛同し，本書の作成に取り掛かった次第です。

　本書は，大学で初めて経営学に接し，さらにより幅広く学び，将来は組織人として活躍を志す学生，経営学を身につけ豊かな教養をもった国際人を目指そうとする学生に読んでいただきたいと願っています。さらに，社会に出て経営学やマネジメントの必要性を感じた社会人の方々にとっての入門書としてご一

読いただければ幸いと考えています。

次に，本書の内容を列記すると，以下のようになっています。

第1章「企業システテとマネジメント」，第2章「事例研究の展開」，第3章「マーケティングの発展」，第4章「グローバル・マーケティング」，第5章「経営革新と投資行動」，第6章「経営戦略論」，第7章「イノベーション・マネジメント」，第8章「現地に即した組織の構築」，第9章「キャリア教育の展開」，第10章「日本企業の海外進出と経営の現地化」，第11章「ヒトに関する管理論の変遷」，第12章「『日本的経営』の変容」，第13章「企業形態・株式会社の特徴，コーポレート・ガバナンスの変容と今日的課題」，第14章「資金調達のマネジメント」，第15章「情報のマネジメントの展開」などです。

各執筆者は，それぞれの研究分野で活躍されている第一線の研究者ばかりであり，各執筆者にとっては読者の皆様のご批判や叱咤激励が今後の研究活動の大きな糧になると思われます。

本書を作成するにあたり，お力添えをいただいた執筆者各位に感謝申し上げたいと思います。とりわけ山縣宏寿氏（諏訪東京理科大学）は，本書の企画立案段階からさまざまな準備作業において多大なご協力をいただきました。共著者への連絡・調整や原稿の取りまとめなど煩雑な仕事を引き受けていただき，労苦を惜しまずご協力をいただきました。また，各章の冒頭に英文要旨を入れるアイデアも同氏からの提案でした。本書が紆余曲折を経ながらも出版の運びに至ったのは，同氏の協力の賜と信じるとともにお礼を申し上げます。

最後に，近年出版事情は厳しさを増しています。そうしたなかで編著者をはじめとする執筆者各位の本書出版の希望をお聞き入れいただき，細部にわたってご配意・ご指導を賜った学文社田中千津子社長にお礼を申し上げます。同社長のご支援があったればこそ，本書の出版の実現へと至ったものと確信します。記して衷心より感謝申し上げる次第です。

平成27年3月

編著者　吉沢　正広

目 次

第1章 企業システムとマネジメント　1

1. 企業とはどのような存在か ………………………………… 2
2. 株式会社のシステム ………………………………………… 5
3. 企業活動に必要なものは何か ……………………………… 7
4. マネジメント理論 …………………………………………… 8

第2章 事例研究の展開　15

1. 発明と企業の設立 …………………………………………… 17
2. 事業の拡大 …………………………………………………… 18
3. 事業の多角化・国際化 ……………………………………… 20
4. ダンロップの日本進出 ……………………………………… 22
5. 日本における事業の拡大と競争の激化 …………………… 24
6. 対日ビジネスの停滞 ………………………………………… 26
7. 経営学の今後の課題 ………………………………………… 27

第3章 マーケティングの発展　29

1. マーケティングとは何か …………………………………… 31
2. マーケティングの役割と発展 ……………………………… 34
3. マーケティング・マネジメントの基本枠組み …………… 36

第4章 グローバル・マーケティング　41

1. 企業活動のグローバル化とその背景 ……………………… 42

2．グローバル・マーケティングの発展 …………………………… 44
3．グローバル・マーケティングの分析枠組み ………………… 46
4．ネスレの事例 ……………………………………………………… 47

第5章　経営革新と投資行動　　53

1．長距離路線トラック事業での出遅れ ………………………… 55
2．宅配便事業への進出 …………………………………………… 56
3．宅配便事業の確立 ……………………………………………… 58
4．宅配便市場の競争 ……………………………………………… 60
5．海外事業展開 …………………………………………………… 62

第6章　経営戦略論　　65

1．経営戦略の全体像 ……………………………………………… 66
2．全社戦略 ………………………………………………………… 67
3．事業戦略 ………………………………………………………… 72
4．戦略の策定 ……………………………………………………… 77

第7章　イノベーション・マネジメント　　79

1．イノベーションとは …………………………………………… 80
2．イノベーションの誕生 ………………………………………… 81
3．イノベーションのパターン …………………………………… 86
4．イノベーション・マネジメント ……………………………… 90

目 次

第8章 現地に即した組織の構築　　93

1. 組織の基本形態 ……………………………………… 95
2. 組織の発展的形態 …………………………………… 96
3. 現地に即した組織の構築 …………………………… 98
4. 組織の要としてのグローバル人材 ……………… 102

第9章 キャリア教育の展開　　105

1. キャリア支援への注目とその背景 ……………… 107
2. 「キャリア教育」の展開 ……………………………… 108
3. 企業社会において求められる人材像 …………… 110
4. 産学連携のキャリア開発事例 …………………… 112
5. 自らをマネジメントする時代 …………………… 115

第10章 日本企業の海外進出と経営の現地化　　119

1. 戦後の日本企業の海外進出 ……………………… 121
2. 経営の現地化とその背景要因 …………………… 124
3. 事例：トヨタ ………………………………………… 127
4. 海外の経営行動 …………………………………… 130

第11章 ヒトに関する管理論の変遷　　133

1. 人事管理論の成立 ………………………………… 134
2. 人間関係論 ………………………………………… 135
3. 行動科学的管理論 ………………………………… 138
4. 人事管理から人的資源管理へ …………………… 142

v

5．その他の理論展望 ……………………………………… 143

第12章 「日本的経営」の変容　　145

1．終身雇用 ……………………………………………… 146
2．年功賃金 ……………………………………………… 151
3．今後の動向 …………………………………………… 155

第13章 企業形態，株式会社の特徴，コーポレート・ガバナンスの変容と今日的問題　　159

1．会社形態：合名会社，合資会社，株式会社 ………… 160
2．合同会社（LLC） …………………………………… 162
3．株式会社とコーポレート・ガバナンス ……………… 163

第14章 資金調達のマネジメント　　171

1．株式会社における資金調達の種類 …………………… 172
2．資金調達手法の検討 …………………………………… 177

第15章 情報のマネジメントの展開　　185

1．IBMを取り巻く環境の変化 ………………………… 188
2．IBMの台頭 …………………………………………… 190
3．IBMの経営行動 ……………………………………… 194

索　引　199

第1章
企業システムとマネジメント

　This chapter aims to overview what a company is, its fundamental functions and its roles within society. Firstly, these can be expressed by viewing the relationships that a company has with its consumers, stakeholders and within the company itself. Secondly, a company is classified by standards according to the economic and legal forms. Thirdly, two prominent management theories by Taylor and Fayol are applied to an incorporated company as an example of what researchers of management and managerial resources find necessary to operate a company. Lastly, the definition of a company, its fundamental functions and roles within society are applied to how the Japanese developed their own incorporated company system early on.

キーワード
企業，マネジメント，株式会社，テイラー，ステークホルダー，経営資源

私たちの生活空間を見回すとき，さまざまなものに囲まれて生活していることに改めて気がつく。それらは食料品であったり，生活雑貨であったり，家電製品であったりと多種多様である。本章においてそのような製品を作り出し私たちに供給する企業をみていく。近くのコンビニやスーパーあるいは家電量販店などに行ってみると，陳列棚には所せましと製品が並んでいる。こうした状況を端的にいうならば，企業が作り出すものによって私たちの生活が成り立っているということであろう。こうしたことを考えると，企業というものは私たちにとって極めて身近な存在といえるかもしれない。しかし就業経験のない学生にとっては，企業というものはどういうものかその実態を知ることは難しいといえる。どこか私たちとは違う世界に存在しているもののように感じられるかもしれない。この章では，私たちにとって遠い存在と思われる企業が実はとても身近な存在であることをみていく。本章では，企業のもつさまざまな側面についてその概略の理解を深めることを目的としたい。

1．企業とはどのような存在か

1-1　重要な経済主体

　企業は政府，家計とならんで重要な経済主体とされている。経済主体とは一個の独立した存在で，独自の意思をもち，経済行動を実行し，またその行動が周囲に影響を及ぼす存在のことをいう。経済主体のなかで，企業はビジネスの世界を構成する重要な存在である。企業による活動を事業と呼び，企業は事業活動をとおして社会に貢献する存在となる。企業の社会における役割は何かといえば，社会つまり社会を構成している人びと（端的にいえば私たち）に有益な製品やサービスを継続的に供給することであり，人びとの生活を豊かにすることを目的に活動する存在といえる。つまりその活動は企業を取り巻く社会のために製品やサービスを生み出し供給する活動に従事することを意味する。

　私たちの生活が企業によって支えられている一方で，企業も私たち消費者を含む多くのステークホルダー（利害関係者）によって支えられていることも事

実である。ステークホルダーとは、従業員、製品を買ってくれる消費者、原料や部品材料を供給してくれるサプライヤー、あるいは自社が所在する地域社会など企業を取り巻く個人やグループのことである。企業とステークホルダーはお互い良好な関係を維持することが望まれる相互依存の関係にある。これが崩れると企業活動に大きな支障が生じることとなる。企業の経営者はどうしたらステークホルダーとの関係が良好になるか常に考え行動している。たとえば企業と従業員との関係をみれば、従業員は働き給与を受け取り、企業は従業員の働きに対して給与を支給する立場にある。仮にこの関係が傷つき、相互の信頼関係が失われるならば、企業活動にたちどころに影響を及ぼすことは容易に想像できる。企業とステークホルダーとの良好な関係構築は、企業活動の永続性を担保することにほかならず、継続企業という視点でみるならば企業経営にとっては不可欠の要素となる。

1-2 企業がもつ働き

社会を構成する重要な経済主体としての企業はどのような機能をその内部にもっているのであろうか。これまで企業は社会を構成する主要な経済主体であり、有益な製品やサービスを作り出すことを目的としていることをみてきた。製品やサービスというモノづくりの点で、企業は経済的機能をもっていることが確認できる。企業の内部ではいかに効率的に製品やサービスを作り出すかが考えられ日々努力が重ねられている。そして企業はより品質の高い製品やサービスをより安く供給することを実現し、結果として私たちの生活はより豊かにそしてより便利になるのである。企業は、こうした経済的機能を繰り返し実行することをとおして社会に貢献している。

次に、経済的機能を遂行するにはそれに従事する人びと、すなわち従業員が必要である。小規模な企業から大規模な企業までさまざまな企業が存在するが、そこには従業員の存在が不可欠である。そして多くの従業員が集まれば、企業のなかに社会的な関係が形成される。すなわち企業のなかで人間と人間の諸関係が形成される社会が作られるのである。そしてそこにおける人間関係は、役

職の違いなどに基づくフォーマルな関係からはじまり，趣味を同じくするような仲間同士の関係を形成するインフォーマルな関係まで多種多様である。出勤し退社するまでの1日の多くの時間を同じ職場の上司，部下，同僚らとともに過ごす企業のなかにおいて，私たちの人生の多くの部分が展開されているといえるのである。企業は，そういった社会的な機能も持ち合わせている[1]。

1-3 企業形態の類型

　社会には，さまざまな企業が存在している。ここでは，企業形態について概観する。広く企業という用語を使用する場合，その意味するところは自律的に継続的に事業活動（経済活動）を遂行する主体といえる。一般に，企業形態とは企業の所有関係を意味している。企業の所有関係とは，企業の所有者は出資者ともよばれ，企業に資金を提供する人をさしている。そうした企業に資金を提供する出資者が政府か地方自治体か民間人かをさす。出資者が「誰か」に着目した企業の分類があり，これを企業の経済的形態とよぶ。もうひとつは，社会には株式会社をはじめ合名会社，合資会社，合同会社などいくつかのタイプの会社が存在しそれぞれ区別されている。これら会社は法律を基に設立されており，こうした法律的側面をとらえて分類したものが法律的形態である。このように企業は，大きく2つの形態に分類される。

　企業の経済的形態は，資金の提供者である出資者が誰でありその構成がどのような構図になっているか，また出資と経営のあり方などカネ（出資）と経営方法を軸に企業をいくつかのタイプに分類するものであることを確認した。企業を経済的形態で分類すると大きく次のようになる。それらは公企業，公私合同企業，私企業である。公企業は国や地方自治体（都道府県）が出資して設立する企業であり，公私合同企業は国や地方自治体と民間の共同出資により設立される企業である。このタイプの企業のなかで特に地方自治体と民間が共同出資して設立する企業は通称第3セクターとよばれる。そして民間が出資して設立する企業を私企業とよんでいる。このように企業の経済的形態による類型化とは上述したとおり，出資者が誰であるか，すなわち国なのか地方自治体なの

か，あるいは民間なのかということとそれに伴い経営のあり方がそれぞれ異なることを踏まえた類型化である。

一方，法律的形態をみると，そこには民法や会社法といった法律的な枠組みで企業が類型化されていることが理解できる。それらは個人企業や会社企業とよばれるものである。会社企業はどのように分類されているかといえば，合名会社，合資会社，合同会社，株式会社となっている。有限会社もあるが，法律の改訂により新規に設立することはできなくなった。私たちの周りには多くの会社が存在し，現在約250万社の会社企業が日本中に存在するといわれる（上林ほか 2007）。

2．株式会社のシステム

私たちの身近にある会社，とりわけ株式会社は現代の資本主義経済社会を代表するもっとも一般的な会社形態である。株式会社をはじめ各種会社の設立については商法や会社法に規定される。各国の商法や会社法はそれぞれの特色は異なっているが，株式会社の基本的なシステムは共通しているという特徴がある。それらは有限責任制，会社機関の制度，資本の証券化，という点である。有限責任制と資本の証券化は後章で論述されるので，ここでは会社機関の制度について触れることにする。

株式会社における機関とは，会社の意思決定や会社を代表する者，またはその組織や機構などをさす。会社の機関には株主総会，取締役会，監査役会がある。これら3つの機関は，よく国家の三権である立法，行政，司法にたとえられる。

(1) 株主総会

株主総会は，会社にとって最高意思決定機関と位置づけられる。出資者である株主を構成員として，会社にとって重要な意思決定を行う。それらは会社の憲法といえる定款の変更，資本金の増減，M&Aの案件など会社にとってその存続，将来的な方向性や株主の権利に関わる重要な案件が審議され議決される。

そのほか取締役の選任，監査役の選任およびそれぞれの解任が審議される。

(2) 株主総会の現状

　日本の会社の株主総会における現状は，その形骸化が指摘されている。この原因の多くは，発行された株式のうち銀行，保険会社などいわゆる機関投資家の持ち分が多く，また企業が所有する株式の割合も高いため，株主総会において個人株主の意見が十分に反映されないということである。しかも一般の株主は企業経営にほとんど関心を示さない無機能株主という存在であり，実際に株主総会に出席して意見を述べる株主はごく少数にとどまる。また会社の取締役や監査役の選任についても，ほとんどの場合そうした人事は事前に経営陣によって決められてしまい，総会はそれを追認する場となっていることが多い。株主総会に無関心な株主が増えるとともに株主総会の形骸化が危惧されている。

(3) 取締役会

　取締役会は，取締役全員で構成される機関である。主な役割は会社の業務執行に関する意思決定であり，業務執行に当たる代表取締役を監督する立場にある。取締役会は，会社にとって重要な案件を審議する。重要な案件とは，代表取締役の選任及び解任，新株の発行，社債の発行などであり，代表取締役は取締役会の議決を経てそれら業務を執行する。多くの会社において代表取締役といえば社長，会長といった地位にある者が就く場合が多い。取締役会と代表取締役の位置関係をみると，取締役会の下に代表取締役が位置付けられている。これは会社法の規定により代表取締役は業務を執行し，その行為は取締役会の監視下におかれるのである。しかしながらその実態をみるならば，代表取締役に強大な権限が集中し，取締役会の存在は代表取締役の提案を議決するだけの機関となっている場合が多くあるといわれる。ここでも取締役会の形骸化という現象が生じている。

(4) 監査役会

　監査役会は，株主総会で選任される監査役が構成する機関である。監査役の任期は3年であり，監査役会は独立した機関である。監査役は当該会社の取締役を兼務することはできないと規定されている。その業務は会計監査と取締役会の業務執行を監査することであり，そうしたことを目的とする常置の機関である。監査役会の職務は，一般に取締役会の業務執行の全体の監査に及びさらに会計監査も含まれる。監査役は，独立して業務を遂行するものとされる[2]（佐久間 2006）。

3．企業活動に必要なものは何か

　会社を経営していくうえで，必要不可欠なものがある。それらは経営資源（managerial resources）とよばれているもので，ヒト（人的資源），モノ（物的資源），カネ（貨幣的資源）および情報的資源であり，それらは，さまざまな企業のなかに包摂される各種資源などをさすものである。

(1) ヒト（人的資源）

　ヒトという資源はどのようなものがあるかといえば，現場で作業に従事する作業者，作業者を管理する現場管理者，事務を担当する事務員，販売を担う営業担当者，部下を監督する立場の管理者，各種業務に精通した従業員，パートタイマー，学生アルバイトなど会社の経営の一翼を担う人びとをさしている。企業にとっては，いかに優秀な人的資源を獲得するかによってその将来も左右されるのである。

(2) モノ（物的資源）

　モノとは会社が立地する土地，建物，工場建物や工場内の生産設備，事務机，職場のPC，器具備品，生産段階では，原材料，部品，完成品，そして出来上がった完成品を流通させるための物流施設などが含まれる。

(3) カネ（貨幣的資源）

カネは，自己資本とよばれる自分の会社が保有しているカネや他人資本と呼ばれる自社以外から調達したカネなどがある。資本金の調達から始まり，日々の運転資金，従業員の給与の支払い，原材料や機械設備の購入の支払いなど会社を運営していくにはカネが必要である。

以上が，会社を経営していくうえで必要とされる基本的な資源である。さらに，これら以外に必要とされる資源として，近年情報資源の重要性がいわれている。情報とは経営をしていくうえで必要なノウハウ，技術，知名度，ブランド，顧客情報などである。それらは目には見えない「見えざる資産」とよばれ，重要な資源とされている。企業はこうした諸資源を管理し活用することにより，社会に対して有用な製品やサービスを作り出すという「変換機能」を実行し社会に貢献しているのである。

ここでヒト，モノ，カネ，情報という各種資源を組織の目的実現に向け首尾よく達成させるためのマネジメント（管理）という重要な組織運営のための課題が生じる。マネジメントとは，一般的に指示者が指示される者に対して意図したように指示される者を方向づける活動をいう。つまり，マネジメントとは，ヒトを指揮して指示する側の思い通りに仕事をさせることである。その内容とするところの管理職能は，現場従業員の行うべき作業を計画し，組織し，指揮し，統制する活動だとされる。マネジメントとは，以上のようにヒトに対する管理が中心となり，モノの管理などはヒトの管理を通じて実現されるのである（上林ほか 2007）。

4．マネジメント理論

ここでは，マネジメントに関して後世に大きな影響を与え続けてきた主要なマネジメント思想家を紹介する。「経営学の父」とよばれるテイラーや「経営管理の父」とよばれるファヨールなどの理論がある。ここでは，紙幅の関係でテイラーのマネジメント思想を概観する。

4-1 テイラー

　テイラー（Taylor, F. W. 1856-1915）は科学的管理法の創始者として著名であり，アメリカ経営学の起点を画した人物である。彼は，父の職業である弁護士をめざし，猛勉強の末ハーバード大学に合格した。しかし猛勉強による目の酷使がわざわいし視力低下を理由に入学を辞退した。その後小さな工場での未熟練工の勤務を経てミッドベール製鋼会社（Midvale Steel Co.）に入社し，機械工として技術を磨き，主任技師にまで昇進した。この間にスチーブンス工科大学の通信課程に2年半在籍し機械工学修士号（1881）を取得している。1890年同社を退社，その後コンサルタント業を開始，1898年にベスレヘム・スチール社（Bethlehem Iron Co.）に招聘されるも1901年に同社を退社している。そして1911年には彼の主著となる『科学的管理の原理』を発表した。彼の主張は，ミッドベール製鋼会社でのさまざまな経験を基にして展開されている。この著書のなかでは，そうした経験を踏まえて次のような考えを論述している。

　ミッドベール社で働いていくうちに彼が目にしたのは，労働者の「怠業：さぼり行為」であった。しかもそれが個人的動機に基づくものではなく，「組織的」に意図されたものであることを解明した。その原因を探ぐっていくうちに，彼は，次のようなことに気づいた。それは，生産現場における状況を経営者側が正確に把握できていないということであった。生産現場においては労働者の熟練，技術，知識などを基に経営者側が知りえない部分で生産活動が繰り広げられていた。この原因は，工場における生産を計画し管理しているのは事実上労働者側にあったためである。生産現場においては，通常生産性の向上を目的に生産効率を高めるための創意工夫がなされるのであるが，当時のアメリカの工場にあっては給与の支払い方法は日給制であり，生産性を向上させ，1日の生産高を高めても給与は一定であった。さらに悪いことには，生産性を向上させることはかえって賃率の引き下げに通じる危険をはらんでいた。すなわち，労働者にとっては生産性の向上をめざすより生産性の向上を意図的に阻止し，現状の給与水準の確保に腐心していたのである。こうした怠業は，組織的に行

うことを必要とし，労働者はあたかも仕事をしているかのふりをし，みせかけることでその目的を実現していた。

4-2 科学的管理法

　彼の主張の中心となるものは，近代的な工場管理として，生産における計画と実行の分離ということであった。それを実現するために仕事の細分化，単純化を行い「標準化」を押し進めた。標準化の方法としてストップウォッチを用いた「時間研究」に基づいた科学的方法により1日に達成すべき標準作業量である課業（task）を設定し，労働者はそれを達成することが必要であると説いた。そして刺激的な賃金制度により効率的に課業を達成した労働者にはより高い報酬を約束しようとした。それを実現する方法として「計画部」を設置して従来現場で行っていた計画的な業務を現場から分離させ，計画と実行の分離を図ることを意図した組織づくりを提唱した。

　テイラーがめざしたものは従来の伝統的管理法である「成行管理」（drifting management）とよばれる労働者の経験や勘に基づく管理からの脱却であった。テイラーはそれまでの伝統的管理法と決別する科学的管理法を提唱したのである。そのなかで「1日の標準作業量」である課業の設定を説き，その達成を強調した。能率を向上させるためには，1日の課業が明確に決められそれを達成しようとしなければ能率の向上は期待できない，として課業管理の重要性を強調した。その課業は科学的に測定された明確な根拠に基づき設定され，それを実行させ達成させることが科学的管理法だとしている。

4-3 テイラーの精神

　テイラーの科学的管理法は単に作業現場における能率の向上のみをめざしたものではなかった。テイラーは経営者側と労働者側の双方の精神革命を説いた。それは労使の対立や反目といったことを改め，労使が協調することを説いたのである。協調することを通じて企業を繁栄させ，その恩恵が消費者にも及ぶことが重要であることを強調した。そこには経営者側の繁栄と労働者側の繁栄が永

続的に企業を発展させることにつながるとする思想があった。そしてテイラーは経営者側においては低労務費の実現，労働者側においては高賃金の実現という，いわばトレードオフの関係を同時に実現することをめざしたのであった。

4-4 テイラーの限界

　テイラーが提示した科学的管理法をめぐる主張の根底にある人間に対する観方は機械人モデル，経済人モデルと称される人間観にあるとされる。機械人モデルは作業者は仕事を遂行するだけの存在であり，そこには人間性が排除されている。経済人モデルはより高い賃金の受け取りという経済的な刺激に動機づけられた人間観であり，そこには職場における人間関係や作業者が社会的存在であるという要素は考慮されていない。その人間観は差率出来高制賃金の考案という面で明らかである，という指摘がある。またテイラーの管理は工場の生産現場に限定された工場管理であり，企業全体の経営活動をカバーする管理ではない，という批判もある。しかしながら当時のアメリカの状況を考えれば，企業規模がいちじるしく拡大し，未熟練労働者が工場現場に流れ込んでくる情況において，生産活動をいかに管理するかは企業にとって重要な課題であった。こうした背景を考慮すれば，テイラーの管理法の根底にあった人間観はむしろ当時の状況を反映したものと解釈できるのではなかろうか。

　テイラーの管理の現代的な意義は幾つかあり，次のようである。テイラーは管理ということに焦点を当て，仕事内容を科学的に分析することを提唱した。それは現代のムダを排除する方法を考えることにつながり，製造現場における改善活動のもとになっている。課業の概念は，生産現場の「見える化」へつながり，それのみならず事務やサービスの現場にも及び，その応用範囲は拡大している。

　ケースとして，日本の株式会社制度の導入をみてみよう。

　日本は，明治維新後，後発工業国としてその歩みを始めた。明治政府は，早期に欧米列強と対等な関係に立つことをめざした。日本において資本主義を育成するための方策としての政策をとり始めた。その手本としたもののひとつは，

会社制度の導入であった。欧米において株式会社は,もっとも代表的な会社形態であり,株式会社が発達している国々の経済発展がそうでない国々に比較して発展の程度に違いがあることを明治政府始め,渋沢栄一,福沢諭吉は認識しており,会社制度の移植を進めるべきと提唱した。その結果,1872(明治5)年欧米の株式会社制度を移植する目的で日本に適合するよう内容を整備した国立銀行条例が制定された。

　ここに,私企業育成の目的において「株式会社制度」の導入が試みられたのである。初期に設立された株式会社のなかで第一国立銀行や事業会社としての大阪紡績は著名である。第一国立銀行は1873(明治6)年,三井組と小野組が提携し三井小野合同銀行として成立し,同年成立した国立銀行条例により第一国立銀行となった。1874(明治7)年に小野組が破綻したのを機に渋沢栄一が頭取となり経営を指揮し再建を果たした。その後,1896(明治29)年,普通銀行に改組され株式会社第一銀行となった。第一銀行は,有限責任,株式売買,株主総会,取締役会などを採用し株式会社の要件を具備した株式会社形態をとる最初の会社となった。事業会社としては,1882(明治15)年の大阪紡績会社(東洋紡績の前身会社)が著名である。この会社も渋沢栄一らの関わりを基に設立されている。頭取には藤田伝三郎が就任し,当時としては日本初の蒸気を動力に用いた紡績会社であった。当時の紡績事業は,保護育成のために政府の監督下におかれていたが,大阪紡績は,独自に民間人が出資した資本を基に資本金25万円で設立されている。この会社は,日本の紡績業の確立にきわめて大きな役割を果たした。日本は,このように資本主義経済を早期に確立し,欧米列強と肩を並べることを目的に会社制度の移植を試みた。株式会社の発達とともに,日本は本格的に資本主義国としての歩みを始めた。近代産業を早期に育成するために必要とされる仕組みとして,会社制度を導入したのでありその意義は極めて大きいといえる。

【注】
1) 2002年の商法改正により委員会等設置会社の導入が規定された。2006年には

会社法が制定され有限会社法が廃止された。
2）会社法の概念で大企業（資本金5億円以上，負債合計200億円以上）で公開会社（証券市場に上場）は監査役会を設置する義務がある。

参考文献

岩崎功（2003）『グローバル時代の経営と財務』学文社
加護野忠男・吉村典久（2012）『1からの経営学』碩学舎
上林憲雄・奥林康司・團泰雄・開本浩矢・森田雅也・竹林明（2007）『経験から学ぶ経営学入門』有斐閣ブックス
経営史学会編（2004）『日本経営史の基礎知識』有斐閣
佐久間信夫編（2006）『よくわかる企業論』ミネルヴァ書房
佐久間信夫・浦野倫平（2008）『経営学総論』学文社
藤田誠（2011）『スタンダード経営学』中央経済社
中野裕治・貞松茂・勝部伸夫・嵯峨一郎（2007）『初めて学ぶ経営学―人物との対話―』ミネルヴァ書房
宮本又郎・岡部桂史・平野恭平編（2014）『1からの経営史』碩学舎
吉沢正広編（2006）『入門グローバルビジネス』学文社
吉沢正広編著（2013）『歴史に学ぶ経営学』学文社

第 2 章
事例研究の展開

　The purpose of this chapter is to provide opinions regarding the study of business administration. Executives and managers of companies have to make managerial decisions relating to business processes. The results of such decision-making affects the managerial performance concerned with sales, revenue, profit and so on.　Business administration studies have provided the knowledge to support managerial thinking.

　However, studying business administration, which covers a wide range of business areas, is very difficult for students who lack experience on the job. So, using the Dunlop case, this chapter will provide viewpoints on the study of business administration.

　Reading this chapter, you will be able to gain an understanding of managerial thinking and how to use this book.

キーワード
意思決定，経営者，企業家，経営資源

経営者ないし経営陣は，企業を設立しそれを成長・発展させるために，経営過程においてさまざまな意思決定を下さなければならない。戦略の策定，組織の構築のほかに市場開拓，流通網の構築，情報通信網の整備，さらには国際化への対応など，意思決定の領域は多岐にわたる。経営学は，経営者が抱えるこうした問題の解決方法を模索しながら発展してきた。

　ただ，経営学が研究対象とするテーマは幅広く，さらにはそれぞれの分野における専門性や学際性が高いため，この学問分野を学ぼうとする者，特にビジネス経験の乏しい学生にとっては，理解することが困難である。

　そこで本章では，経営に関する理解を深めるためのひとつの方法として，事例研究からのアプローチ方法を提示する。この方法はいわば医者が多くの患者の症例を診たり，弁護士が過去の判例から学んだりするようなものである。ここでは過去に実際に展開された経営から，企業が直面する課題とその対処方法，さらには行動の結果をみていくことにする。

　具体的にこの章では，ゴム製品製造企業であるダンロップの事例を取り上げる。同社はイギリス企業である。第2次世界大戦前に日本に工場を有しており，各種ゴム製品を生産していた。ひとつの発明をきっかけに誕生した同社は，成長，発展，衰退といったさまざまな経営の局面を経験した。紙幅の制約があることから，ここでは第2次世界大戦前を中心に，同社の歴史を振り返ることにする。

　同社の事例は，今日にわれわれが目のあたりにする企業とは経済・社会的な環境，文化的状況などを異にするものである。しかし，実はこうした差異は表面的な現象に過ぎない。同じ人間が経営に携わっている以上，本質的に重要な経営課題は時代や場所を越えて何度も出現するものである。こうした事例研究の見方は，経営学を学ぶ上で重要なものとなる。以下では，このような分析意識を念頭に置きながら，事例の説明を進めていく。

1．発明と企業の設立

　ダンロップの歴史は，獣医のダンロップ（Dunlop, J.B.）がアイルランドにて空気入りタイヤを発明したことにはじまる。1888年，彼は10歳になる息子から，軽くて早い自転車をつくって欲しいと頼まれ，改良に取り掛かった。この時，彼が着目したものがタイヤであった。当時の自転車にはソリッドタイヤが取り付けられていた。これはタイヤのなかをすべてゴムで詰めたもので，現在でもクレーン車や台車などに使われているものである。すべてゴムでできているため，パンクすることがなく耐久性が高い。しかし，重量があるために自転車の操作を難しくし，乗り心地も悪くしていた。そこで，ダンロップはタイヤのなかに空気を入れることで，軽くて早く，さらには乗り心地の良いものにしたのである。ダンロップはすぐにこのタイヤの特許を取得した（Macmillan 1989）。

　ダンロップのこの発明に対し，興味を示した人物がいた。紙袋製造業者で，またアイルランド・サイクリスト協会の会長でもあったデュクロ（Du Cros, W.H.）であった。彼は空気入りタイヤにビジネスの可能性を見出し，ダンロップに製品の事業化を提案した。そして，スポーツ愛好家やサイクリング誌の発行人，新聞記者，自転車販売業者らに協力と出資を求めた。こうして，1889年アイルランド・ダブリンにて，ニューマチック・タイヤ（資本金2万5,000ポンド）が設立された。この時，ダンロップには株式3,000株（額面1ポンド）と現金300ポンドが与えられた。ダンロップが発明した空気入りタイヤは，出資者のひとりである自転車製造業者の工場で生産されるようになった（住友ゴム工業 1989，井上 1993）。

　このように，ダンロップが息子のために生み出した発明品は，ビジネスとして展開されるようになったのだが，ここで重要な点がいくつかある。ひとつは，発明家＝企業家とは限らないということである。発明の能力と，会社を興して事業を営む能力は異なったものである。したがって，ダンロップは発明家であり，デュクロはダンロップの発明品をビジネスにした企業家ということになる。

さらに説明を加えると，企業家と経営者も学問的には異なった分類がなされている。企業家とは，革新的な行動を起こす人，つまりはこれまでに誰も実現することのなかったビジネスを立ち上げることにより，経済活動に新たな局面をもたらす人物のことをいう。経営者は事業活動を管理する人物であり，その活動に革新性があるのかどうかは問われない。したがって，企業家と経営者ではその行動が革新（イノベーション）に結びつくものであるのかどうかにより異なるのである（Schumpeter 1926）。

会社設立においてもうひとつ重要な点は，資金調達である。資金調達の方法には，自己資本による調達と，他人資本による調達がある。自己資本によるものでは，創業者が自身の貯蓄などから捻出するほか，株式発行による調達といった方法がある。他人資本による調達では，銀行などの金融機関からの借入れのほか，社債発行といった方法がある。どちらを選択するかは経営者の考え方により異なる（吉原 2011）。ニューマチック・タイヤの事例においては，株式発行という方法がとられ，事業に興味を示した者が出資者となった。

2．事業の拡大

デュクロをはじめとする経営陣は，ダンロップが取得した特許をもとに事業をはじめたが，やがて大きな問題に直面した。実は，ダンロップが発明した空気入りタイヤは彼が発明に成功する40年以上も前に既に発明されており，特許の申請がなされていたことがわかったのである。そのため，ダンロップが取得した特許は1892年に無効となった。特許という知的財産権を失い，ニューマチック・タイヤは存続の危機を迎えた（Jones 1984）。

そこで，経営陣は企業外部から新たな特許技術の取得を試みた。それはタイヤをリムに取り付けるための技術であり，特許取得者に使用料を支払うことで使用許可をえた。このように，ニューマチック・タイヤはタイヤに関する他の特許技術を取得することで，事業を継続した（Jones 1984）。

ところが，事業を展開するなかで，また新たなる問題が発生した。公害問題

であった。タイヤの生産にはゴムやナフサといった物質を用いるが、これらの異臭に対する苦情が工場周辺の住民から寄せられたのである。そこで、ニューマチック・タイヤの経営陣は、主要工場をアイルランド・ダブリンからイングランド・コベントリーに移すことを決意した。当時、コベントリーは自転車産業の中心地であった。多くの自転車関連企業があった。工場移転の結果、ニューマチック・タイヤはこれら地元企業と取引することができるようになった。こうしたことから、工場移転後も事業は順調に展開された（井上 1993）。

こうしたなか、空気入りタイヤの発明者であったダンロップは会社経営から身を引き、アイルランドに帰っていった。そして、地元の服地類販売店の役員となり、余生を送った。ダンロップが経営から退いた後、ニューマチック・タイヤは会社組織を改め、新たにダンロップ・ニューマチック・タイヤという社名に改称した。創業者の一員であったダンロップに敬意を示し、社名のなかに彼の名前を残したのである（井上 1993）。

以上のように、空気入りタイヤの商業化が試みられたのだが、ここでいくつか重要な点がある。ひとつは経営資源に関するものである。企業が所有する経営資源には人、モノ、カネ、情報がある。こうした資源をどのように獲得し、蓄積していくのか。そして蓄積した資源をどのように配分し、活用していくのか。このような意思決定を経営者は下さなければならない。これらの意思決定が経営の成果、さらには企業の持続的競争優位の構築に大きな影響を与えることになる（吉原 2011）。ニューマチック・タイヤにおいては、初期には情報的資源、つまりは知的財産権の獲得が重要な経営課題となった。また、工場移転に際しては、どこの土地を購入して工場を建てるのかという、いわゆるモノの取得も重要な課題となった。さらには、ここでは特に触れていないが、工場を運営するための人の採用や育成といった課題も生じたであろう。このように、経営資源の獲得、蓄積、配分といった選択が経営における重要課題であった。

2つめには企業の社会的責任である。最近では一般的にCSR（Corporate Social Responsibility）という言葉で知られている。企業は利益をあげることができなければ、事業を継続できない。しかし、利益を追求するあまりに公害問

題など，社会に損失を与えるような行為を行っても良いわけではない。企業が社会的な存在である以上，社会に対する責任をもたなければならないのである（Cole 1959）。したがって，ニューマチック・タイヤは工場を工業都市に移転することで，問題の解決を図ったのである。工業都市であれば，ある程度そのような問題に対処できるような社会インフラが整っていることが考えられるのである。

　3つめには立地とネットワークである。立地は企業の業績に大きな影響を与える。企業は単独ですべての事業活動を行っているわけではなく，他社と相互に取引をしながら事業活動を行っている。つまりは分業体制を構築しているのである。自社で事業活動のすべてを実施できない場合には，不足する経営資源を補ってくれるような企業からの協力や支援が必要になる。自社と関連性の高い企業が多く集まる場，つまり産業集積の場においては，不足する経営資源を調達できる可能性が高まる。企業の成長期には経営資源が不足しがちである。特に急速に売上げを伸ばしている企業においては，成長スピードに対して資源の蓄積が間に合わなくなる傾向にある（吉原 2011）。ニューマチック・タイヤは外部資源の獲得により，諸問題に対処していったのである。

3．事業の多角化・国際化

　1900年，ダンロップは本社をイギリスの工業都市であったバーミンガムへ移転した。この頃より，同社は既存のゴムメーカーを買収し，事業の垂直統合を進めた。これまでは他社から部品を購入し，それを組み立てていたが，その事業のすべてを自社で行うようになったのである。また，この頃よりタイヤ以外の一般ゴム製品，たとえば手袋や水枕といった製品もつくりはじめ，事業の多角化を進めた（Jones 1984）。

　ダンロップの製品はイギリス国内だけでなく，やがてフランス，ドイツ，アメリカなどへも輸出された。これらの国々では自転車が普及し，タイヤの需要が高まっていた。ダンロップは現地の販売代理店を通じて，製品を販売した

(Jones 1984)。

　ところが，やがてこのような輸出による販売は上手くいかなくなる。ひとつには特許制度の問題があった。フランスやドイツにおいては，現地国で実際に活用していない特許が失効する恐れがあった。特許権を守るためには，現地国で製品を生産しなければならなかった。そこでダンロップは現地企業との共同で合弁会社を設立し，現地工場で製品を生産した（Jones 1984）。

　また，海外輸出が上手く行かなくなったもうひとつの理由に，関税の問題があった。アメリカでは輸入タイヤに対する関税が引き上げられた。そこでダンロップは現地企業との間にライセンス契約を結び，現地生産を開始した。このように，諸事情によりダンロップの事業活動の場は，国内からやがて海外にまで広がった。別の見方をすれば，こうした海外展開が可能なだけの能力をダンロップはもちはじめていたのである（Jones 1984）。

　以上，ダンロップの事業が，垂直統合，多角化，国際化という新たな局面に入ったことをみてきた。まず，垂直統合とは，これまで外部との連携で行っていた事業活動を自社で行うものである。従来のような他社との取引では，さまざまなコストが生じていた。取引相手は常に正直に事業活動を行ってくれるとは限らない。時には不良品を出したり，原材料や価格を誤魔化したりするかもしれない。したがって，そのような行動を監視しなければならない。また，取引のたびに各種の書類を作成したり，交渉したりしなければならない。取引においてはそうしたコストがかかる。したがって，他社と取引するのではなく，自社で事業活動を行うことで，そうしたコストを削減しようとしたのである。ただし，取引により補完していた事業を社内で行うということは，今度は逆に社内管理のためのコストがかかることにもなる。こうしたバランスを考えながら，どちらにするのかを判断する必要がある（安室 2012）。ダンロップにおいては事業の垂直統合化が選択されたのである。

　また，垂直統合の進め方として，ダンロップでは他社を買収し，合併するという手段を選択した。これは M&A（mergers and acquisitions）とよばれるものである。自社で事業部門を立ち上げるという方法もあるが，それでは時間が

かかってしまう（吉原 2011）。ダンロップでは成長スピードを維持するために，M&Aが有効であると判断したのである。

　そのほか，ダンロップでは事業の多角化も進めた。企業が事業の多角化を進める理由には，社内の余った経営資源を活用するためや，有望な成長市場に参入するためなど，さまざまな理由がある（吉原 2011）。ダンロップにおいては，手袋や水枕がタイヤと同じ原材料であることから，社内に蓄積された技術やノウハウを活用できること，さらには原材料の共有によるコスト削減が期待できたことなどが，多角化を進めた理由として考えられる。こうして，ダンロップはタイヤメーカーからゴム製品メーカーへと発展することになる。

4．ダンロップの日本進出

　ダンロップの製品は1900年代はじめ頃から日本でも販売された。ロンドンに拠点を置くグリア商会が販売窓口となった。工業化の進展とともに日本でもゴム製品の需要が高まった。日本は製品の輸出先として有望な市場であった。

　ところが，日本が関税自主権の回復に成功すると，米国と同様にゴム製品の関税が引き上げられることになった。こうしたことから，グリア商会を中心とするイギリス資本がダンロップ系列のイングラムと提携し，日本イングラム護謨製造を設立した（1908）。同社は神戸近郊に工場を建設し，人力車用のソリッドタイヤやスポイト，指サックなどの一般ゴム製品を生産した。イギリス人技師30名ほどが生産の指導にあたった（住友ゴム工業 1989）。

　さらに1909年には，グリア商会とダンロップの社長であったデュクロが出資し，香港に海外子会社を設立した。そして，その支店として日本にダンロップ護謨（極東）日本支店を設立した。同支店は神戸市内に工場を建て，そこで空気入りタイヤを生産した。同工場では250名ほどの従業員が生産活動に従事した。このように，日本でもダンロップ製品の現地生産が開始された（住友ゴム工業 1989）。

　日本での生産にあたり，たとえばダンロップ護謨（極東）日本支店では，生

産工程ごとにいくつかのセクションを設け，イギリス人マネジャーがそれぞれのセクションを管理した。作業工程をセクションごとに分けた理由は，技術の流出を防ぐためであった。一連の流れ作業で生産活動を行うと，労働者に生産工程のすべてを知られてしまう恐れがあった。そこで，工程をバラバラにし，それぞれの作業内容を秘密にすることで，技術の流出を防ごうとしたのである。生産に関連する指示書は暗号化され，工程上の重要な設計や配合といった技術情報は，イギリス人マネジャーにより管理された（住友ゴム工業 1989）。

また，これらの施策と並行して，同社では年金制度や「シーセル・クラブ」とよばれる社内クラブを設置した。福利厚生を充実させることで，社員の満足度を高め，離職率を下げようとしたのである。このように，工場では技術流出を防ぐためのさまざまな試みがなされた（住友ゴム工業 1989）。

日本イングラム護謨製造ならびにダンロップ護謨（極東）日本支店が生産した製品は，グリア商会の販売網を通じて，インドネシア，タイ，フィリピン，中国などアジア各地でも販売された。日本工場は国内のみならず，アジア市場への製品供給という役割も担っていた（住友ゴム工業 1989）。

以上のように，ダンロップは日本での現地生産に着手した。ここで重要なことは，同社が本国から持ち込んだ経営資源，ここでは特に技術が極めて重要なものであり，それが外部に漏れてしまわないように注意していたということである。競争優位の流出は新たな競合企業を生みだし，現地経営の継続を困難なものにしてしまう。したがって，こうした観点から，工場での生産管理や人事・労務管理が実施されていたのである。

また，海外での販売方法について，同社はグリア商会を通じて製品を供給していた。製造業者が自ら販売網を構築して販売する方法を直接輸出という。これに対し，商社などを通じて販売するものを間接輸出という。直接輸出の場合には，価格の設定や販売促進の実施，市場情報の獲得といったマーケティング活動が展開しやすくなる。一方で，そのためのコストもかかってしまう（吉原 2011）。そのため，ダンロップは日本進出の初期の段階では，間接輸出による海外展開を採用したのである。

5．日本における事業の拡大と競争の激化

　1911年，ダンロップ護謨（極東）日本支店は日本イングラムを吸収し，日本でのビジネス活動を1社に集約した。さらに1916年には，ダンロップ護謨（極東）日本支店を解散し，新たにダンロップ護謨（極東）株式会社を設立した。ダンロップの日本事業は，当初は香港にある海外子会社のなかのひとつの支店という位置づけであったが，やがて，香港の子会社が所有していた財産を引継ぎ（中国大陸を除く），アジア市場における拠点として位置づけられるようになったのである（住友ゴム工業 1989）。

　この頃より，イギリスのダンロップ本社はグリア商会がもっていたダンロップ護謨（極東）の株を買取り，日本子会社の経営支配権を強めていった。さらには，グリア商会の海外販売網をも買取り，自ら製品を販売するようになった。間接輸出から直接輸出への転換を図ったのである（住友ゴム工業 1989）。

　このように，ダンロップは次第に日本での事業に強く関与するようになった。その背景には，本国本社の経営悪化があった。第1次世界大戦（1914-18）の勃発によりイギリス経済が疲弊し，その影響がダンロップにも及んだ。そこで，ダンロップは国際化をさらに推進することで，自社の成長を図ろうとしたのである。脱イギリスが生き残るための手段であると考えられ，その過程で，日本のビジネスが見直されたのである。

　さて，日本でのビジネスは自転車に加えて自動車の普及もあり，順調に推移した。ところが，やがてその豊かな市場を巡り，競合企業が参入してきた。その競合企業のひとつは米系の自動車タイヤメーカーであった。グッドイヤー，ファイアストン，グッドリッチといった企業が日系商社を通じて，輸出による製品供給をはじめたのである。このうち，グッドリッチは後に古河財閥系の横浜電線製造との共同で横浜護謨を設立した。社内でも優れた技術者をアメリカ本国から横浜工場に派遣し，現地生産に乗り出した（横浜護謨 1959）。

　もうひとつの競合企業は日本国内のメーカーであるブリヂストンであった。

第2章 事例研究の展開

　同社は福岡・久留米に拠点を置く日本足袋が設立した会社であった。自動車タイヤの後発企業であった同社は，ダンロップ護謨（極東）から技術者を招き入れ，タイヤの生産に乗り出した。既述の通り，ダンロップは技術流出に対して注意を払ってきたが，それを完全に防ぐことはできなかった。後に，ブリヂストンは国際競争力を有する企業へと発展していくことになる（ブリヂストンタイヤ 1982）。

　このように，日本のタイヤ市場が有望であることがわかると，多くの企業が市場に参入してきた。このうち，特に横浜護謨とブリヂストンはダンロップの市場を脅かす存在となった。やがてダンロップの独占的な市場支配体制が崩れ，三社で市場を分かち合うようになった。

　以上のように，ダンロップは日本における事業を拡大していくわけだが，ここで重要な点のひとつは現地経営の展開に関するものである。現地経営の展開には，他の企業と共同で出資して合弁会社を設立する方法と，自らがすべての資金を出資する完全所有の形態がある。合弁会社の場合には，事業失敗のリスクを軽減できるほか，現地のパートナーを通じて市場の情報を獲得できたり，地元政府との交渉を進めやすくなったりするなど，さまざまなメリットがある。しかし，意思決定の場面でパートナーとの調整が必要になったり，パートナーを通じて技術やノウハウが流出してしまったりするなどの問題も発生する（吉原 2011）。ダンロップでは日本市場に不慣れな段階では合弁形態を選択し，次第に現地の事情を理解すると，完全所有に形態を転換したのである。

　次にここで注意したいことは，競合企業の新規参入である。企業は市場を巡り競合企業と競争している。一般的に，競合企業との競争が激しくなれば，利益が押し下げられる。競争が緩やかであれば，利益は高くなる。したがって，参入障壁の高低が企業間の競争，そして企業の利益に影響を与えることになる。ダンロップは技術を秘密にすることで競合企業の参入を妨げてきたのだが，その状況を維持できなかったのである。

6．対日ビジネスの停滞

　競合企業との競争の激化のほかに，もうひとつダンロップは大きな問題を抱えた。日英関係の悪化であった。ダンロップが対日ビジネスをはじめた頃，日本とイギリスは日英同盟（1902-23）を背景に，政治・経済などの面において友好関係にあった。しかし，日英同盟の失効後に中国での権益をめぐり両国の利害が対立すると，次第に外国企業であるダンロップに対して不利な政策がとられるようになった。さらには第2次世界大戦が勃発すると，敵国であるダンロップの対日資産は日本政府により接収された。ダンロップ護謨（極東）は戦時中には日本政府の管理下に置かれ，軍需工場となった。そのため連合国軍からの空爆対象となり，工場は大きな被害を受けた。機械設備はもちろん，多くの技術者を失った（住友ゴム工業 1989）。

　ダンロップの在日資産は第2次世界大戦後の1948年に返還された。しかし，この頃になると，イギリスのダンロップ本社は国際競争力を失いはじめていた。ひとつには戦争による影響があったが，もうひとつ重要な問題は技術革新の遅れにあった。戦後，経営再建のためにダンロップは技術や設備への投資を抑えたが，これに対し，競合企業は積極的に投資を進め，技術力や生産能力を高めた。たとえば，ダンロップがタイヤの生産に綿でできたコードを使用していたのに対し，競合企業はレーヨンやナイロンといった，綿よりも耐久性が高く，使用量が少なくてすむ合成繊維を使いはじめていた。こうした技術革新により，相対的にダンロップの競争力が低下した（住友ゴム工業 1989，ブリヂストンタイヤ 1982）。

　この他社との遅れに対し，ダンロップ護謨（極東）は住友電工の資本を受け入れ，技術への投資を試みた。しかし，一度競争に遅れをとり，他社に奪われた市場シェアを取り戻すことは困難であった。こうした事態に直面し，イギリス本社の経営陣は次第に日本市場への関心を失い，子会社への出資比率を低下させた。最終的に，ダンロップは住友電工に日本子会社の経営権を譲り，市場

から撤退した（住友ゴム工業 1989）。

　以上，ダンロップにおける対日ビジネスの衰退と撤退についてみてきた。ここでは，ひとつには外部環境の変化がビジネスに与える影響についてみてきた。ダンロップにおいては，国家レベルでの日英関係の悪化により，事業が一時的に中断された。企業の努力だけではコントロールが難しいこうした事象も，経営を展開するなかで発生する。こうした場面での経営判断も，経営者にとって重要な意思決定の領域となる。

　次に，技術革新についてである。新技術の出現により，既存の技術を有する企業の競争力が失われることがある。革新的な技術がこれまでの競争ルールを一転させてしまうのである。こうした新技術の出現は，一見すると外部環境の問題と思われるが，そのような変化に対応できない企業内部に問題を抱えていることがある。つまり，利益をえるためにダンロップでは負債を削減してきたが，逆に他社では利益を生み出すために技術への投資を行ってきたのである。結果的に，この意思決定が両社の業績に大きな差を生んだのである。

7．経営学の今後の課題

　以上，本章ではダンロップの事例を取り上げ，経営における意思決定の重要性とその難しさについてみてきた。企業が抱える問題はさまざまであり，それを解決するための代替案の選択も多様である。どの選択が正しいのかは，最終的な結果を待たなければならない。経営の世界に入学試験のような正しい解答というものは存在せず，そのようななかで経営者は適切な判断を下さなければならないのである。

　ただ，ダンロップの事例をみてもわかるように，経営者が抱える問題は今日でも同じようなものが繰り返して発生している。したがって，こうした事例などを分析することを通じて，ある程度の解決方法と結果を予測する能力を身につけることは可能である。経営学は，こうした経営事象を調査・研究することで，意思決定を下す際に必要となる知識を提供しているのである。

経営学分野に関するそれぞれの詳細については本書の各章に譲ることとし，ここでは，各章の内容が個々にバラバラに存在しているのではなく，相互に結びついていること，そして，これらを総合的にみることで，経営とは何かがみえてくるということを理解してもらえたら幸いである。そうすることで，本書の内容をより深く理解することができると考えている。

参考文献

ブリヂストンタイヤ（1982）『ブリヂストンタイヤ五十年史』
Cole, A. H.（1959）*Business enterprise in its social setting*, Harvard university press.（中川敬一郎訳, 1965『経営と社会』ダイヤモンド社）
井上忠勝（1993）「英国ダンロップ社の日本進出」『経営学研究』（愛知学院大学）第3巻第1・2合併号，3-12頁
Jones, G.（1984）"The Growth and Performance of British Multinational Firms before 1939: The case of Dunlop," *The Economic History Review*, Vol.37, No.1, pp.35-53.
Mcmillan, J.（1989）*The Dunlop story　The life, death and re-birth of a multinational*, Weidenfeld and Nicolson.
Schumpeter, J. A.（1926）*Theorie der wirtschaftlichen Entwicklung*, Duncker & Humblot.（塩野谷祐一・中山伊知郎・東畑精一訳, 1977『経済発展の理論（上）』岩波書店）
住友ゴム工業（1989）『住友ゴム八十年史』
安室憲一（2012）『多国籍企業と地域経済』御茶の水書房
横浜護謨（1959）『四十年史』
吉原英樹（2011）『国際経営　第3版』有斐閣

第3章
マーケティングの発展

　The purpose of this chapter is to understand the hint which creates the market. Though a term called marketing is used widely today, its ambiguity still remains. This chapter explains the importance and the basic framework of marketing. If a good product is manufactured, it is not necessarily being purchased. And even if a strong organization is built, a competitive advantage is not necessarily being taken. An important thing is what kind of product and organization to make. It is required to make a product valuable for a customer and to make the organization which can offer a valuable product for a customer.

キーワード
マーケティング，マーケティング・マネジメント，関係性マーケティング，顧客理解，マーケティング・ミックス

米国アップルのスマートフォン「iPhone（アイフォーン）」の新機種「6」と「6プラス」が2014年9月19日に販売を開始した。例年の如く，Appleストア銀座店の前には発売前から行列ができた。台風の接近で東京の天気が荒れ模様のなか，店の前で行列を成している人々の様子をニュースなどで目にした人も多いであろう。

　国内携帯電話大手3社の都内の旗艦店でも，それぞれ発売イベントが開催され，購入希望者が行列をつくった。ドコモショップ丸の内店（東京・千代田区）には午前8時の開店時に約30人が並んだ。KDDI（au）の渋谷区にある直営店には約50人，ソフトバンクモバイルの渋谷区の直営店には200人以上が並んだ。

　2001年，アップルがデジタル音楽プレイヤーのiPodを発売したとき，スティーブ・ジョブスは（当時の最高経営責任者），「21世紀のウォークマン」と

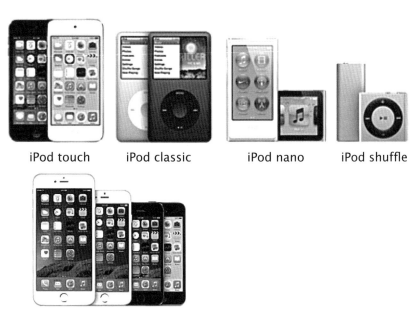

写真3-1　iPodおよびiPhone

（出所）Apple Japanホームページ，http://www.apple.com/jp/（2014年10月10日閲覧）

よんだ。1979年に発売されたソニーのウォークマンによって、音楽の楽しみ方が革命的に変化した。場所や音楽再生機の性能に限定された聴き方から、好きな音楽を好きなときに自分で選ぶことができるようになった。このポケットサイズの携帯型音楽プレイヤーは当時の若者の間では憧れのアイテムであったといえる。

いまやデジタル音楽プレイヤーの代名詞となったiPodは、iPhone、iPadと繰り出し、音楽や通信、メディア業界の景色を一変させた。革新的な技術、機能性、デザイン性を武器に、さらに広い市場を創造させたのである。

今日、マーケティングという言葉が広く使われているが、その内容の曖昧さは依然として残っている。この章では、マーケティングの重要性や基本枠組みについて、事例を交えながら説明していく。

1. マーケティングとは何か

1-1 マーケティングの定義

マーケティングとは何かについては、多くの定義が試みられてきた。それらのなかでも最も多く引用されてきたひとつは、1985年にアメリカ・マーケティング協会（AMA：American Marketing Association）によって発表された、「個人や組織の目的を満たす交換の実現のために、アイディア、財、サービスの考案、価格づけ、プロモーション、流通を計画し、実行する過程」という定義であろう。

しかし、2004年になると、「マーケティングとは、顧客に向けて価値を創造、伝達、提供し、組織および組織を取り巻くステークホルダーに有益となるよう顧客との関係性をマネジメントする組織の機能および一連のプロセスである」と改定している。

この2004年定義の特徴については以下のようにまとめることができる[1]。まず第1に、マーケティングが組織の利益だけでなく、株主や顧客、従業員、取引先、地域住民、政府などのステークホルダーにも利益を与えることが重視さ

れている。公害や交通事故などの反省から社会的価値を重視した1970年代に注目を集めたソーシャル・マーケティングの流れを汲んでいるともとれる。同時に，組織とは営利を目的とする企業に限定されることなく，政府やNGO，生協やNPOなどの非営利組織をも含んでいる。

　第2に，価値の創造，伝達，配送がマーケティングの重要な機能である。「価値とは何か」を定めることは簡単ではなく，ここでは単純に製品やサービスと考えておこう。アイディアやブランドのような「無形の価値」も考えられるが，所詮それも製品やサービスを基礎として成り立つものである。したがってマーケティングの諸機能とは，まずは製品やサービスを創造し，それらについて顧客に知らしめ，それらを顧客の手元まで届けることであろう。

　第3に，マーケティングは顧客との良好な関係（関係性）を管理することである。これは，1980年代後半から注目されるようになった関係性マーケティング（Relationship Marketing）の影響を受けたものである。関係性マーケティングは，従来のマス・マーケティング（不特定多数の顧客にマスメディアを通して伝達し，顧客に販売すれば終了と考えるもの）への反省から，特定の優良顧客と双方向コミュニケーションを行い，販売後も良好な関係を維持して忠誠心を育もうというものである。

　第4に，2004年定義はプロセスに注目している。マーケティングとは従来プログラムに力点が置かれてきた。マーケティング・プログラムはマーケティング・ミックスとも言われる[2]。ここでは顧客に向けて価値を創造，伝達，提供するためのマーケティング・プログラムの重要性を認識しながらも，顧客との関係性をマネジメントする一連のプロセスに注目している。

1-2 マーケティングの重要性

　マーケティングとは人間や社会のニーズを見極めてそれに応えることである。マーケティングは「製品を売り込む技術」とされることが多かったが，マーケティングの最も重要な部分は販売ではない。経営学の第一人者であるピーター・ドラッカーは，販売とマーケティングは逆であると指摘する[3]。

第3章　マーケティングの発展

　ドラッカーは，従来のマーケティングは販売に関係する全職能の遂行を意味するにすぎず，製品からスタートし市場を探していると指定する。これに対して，真のマーケティングは顧客からスタートする。すなわち顧客の現実，欲求，価値からスタートすることで，「何を売りたいのか」ではなく，「顧客は何を買いたいか」を問う。真のマーケティングの姿は，作ったものを売るための販売ではなく，顧客にとって価値あるものを作ることである。

　昨今，先進国の市場では，「製品（あるいは，サービス）が売れない」，「市場が飽和している」，「製品力はあるが，販売力がない」などと聞く。その際に，いつも注目を浴びるのがマーケティングであろう。まことに残念ながら，これらが意味することは，未だにマーケティングを販売，とりわけ売り込む技術として認識していることの表れであろう。そして，企業の第1の機能としてのマーケティングが多くの企業で実践されていないことを証明しているようにみえる。

　もう一度ドラッカーの言葉を引用すると，「販売とマーケティングは逆であり，同じ意味でないことはもちろん，補い合う部分さえない」としている。もちろん，なんらかの販売は必要である。しかし，マーケティングの理想は，販売を不要にすることである。マーケティングがめざすものは，顧客を理解し，製品とサービスを顧客に合わせ，おのずから売れるようにすることである。

　とはいえ，マーケティングの実践は，顧客のいうことを聞くだけでもだめだし，自分の思いを提案するだけでもだめである。「顧客の言うことを素直に聞く一方で，顧客の言うことをそのままには信じない」。つまり，「適応しつつ自立し，自立しつつ適応する」という一見矛盾した関係が，マーケティングの実践の本質となるのである[4]。

　優れたマーケティングは偶然生まれるのではない。マーケティングとは市場創造のためのプロセスであり，定式化されている面と創造的な面をもっている。市場への適応と自立のためには，正しい顧客理解と創造的な適応が必要であろう。

2．マーケティングの役割と発展

2-1　マーケティングの誕生[5]

　20世紀初頭，米国の大学で相次いでマーケティング講座が開講した。そもそも，マーケティングという言葉がはじめて世に出たのは，1902年，米国のミシガン大学の広報であるといわれている。次いで，1905年にはペンシルバニア大学で「製品マーケティング（Marketing of Product）」という講座が開講し，1910年にはウィスコンシン大学で「マーケティング諸法（Marketing Method）」という講座が開講した。

　マーケティングは，市場（あるいは，いちば）や販売するという意味の「マーケット（Market）」に「ing」を付けた造語である。戦前，日本ではマーケティングを「商品学」，「配給論」と訳して用いていた。その他にも「市場活動」，「市場開拓」，「市場開発」などと訳されたこともあったが，現在には「マーケティング」という言葉は，現地の言葉で訳して用いられることもなく，世界各国で通用するような市民権をえるようになった。

　このマーケティング（Marketing）という用語は，1955年の日本生産性本部の米国視察を皮切りに日本の産業界に浸透するようになった。日本生産性本部は，1955年に日米両国政府の援助で発足，会長に石坂泰三（当時，東芝会長）が就任し，石坂を団長とする「トップマネジメント視察団」を始め1年間で15チーム174名の経営者が訪米した。1956年にはジェトロ副会長を団長とし，総合商社，自動車メーカー，繊維メーカー，家電メーカー代表などによる「マーケティング専門視察団」が組織され，6週間にわたって米国を視察した。

　その後，産学においてマーケティング研究がさかんに行われるようになったが，このような事情から，企業担当者による実利的なマーケティング手法の研究が行われたことで，日本ではマーケティングを「販売技法の一部」と狭くとらえる傾向も残っている。また，マーケティング概念の誕生が，米国の寡占的経済体制が成立した時期であったことから，マーケティングを「大企業（特に

第3章 マーケティングの発展

独占資本）の対市場活動」としてとらえる解釈もある[6]。

2-2 マーケティングの役割

われわれは，市場に投入しようとしている新製品が，顧客に評価され，他社との競争に勝利するためには，高度な技術に裏打ちされた優れた特質が必要だと考えがちである。この考えそのものは誤りではない。しかし，技術力や製品力に目を奪われることで，それ以上に重要な問題を見落としてしまうのであれば問題である。いかに高度な技術を有していても，マーケティングを的確に実行しなければ，新製品を成功へと導くことはできないのである。

なぜ，新製品が成功を収めるためには，マーケティングが必要となるのだろうか。そして，このとき企業はどのような活動に取り組まなければならないのだろうか。

高度な技術を確立さえすれば，あるいは優れた製品を開発しさえすれば事業は成功する，という思い込みは危険である。確かに，技術革新を通じた新製品の開発は，企業の成長と存続の原動力のひとつである。しかし，企業がその環境となる市場を創造し維持していくためには，技術革新の能力を磨くだけでは不十分である。

優れた企業が，技術開発に成功しながら，戦略的にきわめて重要な事業化の機会を見逃してしまう事例は多い。たとえば，2001年セガの家庭用ゲーム機「ドリームキャスト」が生産中止に追い込まれた。セガは1983年に家庭用ゲーム機を発売し，任天堂やソニー・コンピュータエンタテインメント（以下，SCE）とゲーム機戦争を繰り広げた。そのセガが，「ドリームキャスト」の生産を中止し，家庭用ゲーム機事業から撤退し，ゲームソフト会社として再出発したのである。ドリームキャストは，セガサターンの次世代機として社運をかけて開発され，その最大の特徴としてはインターネット通信用のアナログモデムを標準搭載した点があげられる。発売当時のライバルとしては，任天堂のNINTENDO64や，SCEのPlayStation2などがあげられる。結果的に，このドリームキャストは家庭用ゲーム機市場では失敗に終わったが，その製品の技術

的な側面は高く評価されていた。ドリームキャストは，当時としては革新的な「インターネット対戦ゲーム」が可能であり，そのための専用インターネット・サービス・プロバイダーである「セガプロバイダ」を用意していた。しかし，ライバルとの市場シェアの争いに惨敗し，ドリームキャストは懐かしいゲーム機になってしまった。当時のインターネット環境は，一般の電話回線を使ってインターネットに接続することが多く，料金も割高であった。セガではセガプロバイダを用意するなど，努力を惜しまなかったが，回線の速度や品質などを考慮すると，時期尚早であったのかもしれない。

　いかに優れた技術や素材を有していても，正しい顧客理解とマーケティングの的確な実践がなければ，事業を成功へと導くことは難しいのである。新たな市場を創造するためには，顧客との関係性の構築・発展・維持が必要とされる。このような顧客との関係性の強化は，企業が事業の創造と維持を図る上で避けて通ることのできない課題である。

3．マーケティング・マネジメントの基本枠組み

　優れた技術や素材を新たなビジネスへと結実させようとするとき，顧客との関係の創造が必要となる。また，顧客との関係が重要となるのは，高度な新技術を市場に導入しようとする場合だけではない。生産規模の拡大により既存製品のコストダウンを図る場合にも，顧客との関係性の構築が必要となる。よく指摘されることだが，大量生産がビジネスの仕組みとして有効に機能するためには，大量消費という前提が成立していなければならない。

　大量生産のメリットは，製品を低価格で販売できるようになることである。しかし，単に価格が低ければ，それだけで販売量が増加するわけではない。いかに安かろうと，必要のないものを買い手は購買しようとはしないからである。したがって，気をつけなければ，薄利多売ではなく，単なる薄利で終わってしまう。そうならないためにも，従来とは異なる製品の用途や消費のスタイル，あるいは新しい顧客層を開拓することで，使用量や顧客数を増加させることが

欠かせないのである。

　顧客との関係は，事業の創造とその維持を図ろうとする際には，避けて通ることのできない問題である。そして，企業がこの顧客との関係性の構築・成長・維持をさまざまな活動を通じて実現していくことを，マーケティングという。

　以下では，このマーケティングを企業が推進しようとする際の中核となる枠組みとしてのマーケティング・マネジメントについて検討する。

3-1 マーケティング・マネジメントの対象領域

　マーケティング諸活動・手段の統合的管理を意味するマーケティング・マネジメントの概念が発生するのは，1950年代になってからである。マーケティングの計画，実行，評価にあたっては，製品，価格，流通，プロモーションという4つのPからなる枠組みが広く用いられている。とはいえ，この4つのPという枠組みは，企業の部門や機能の体系を忠実に引き写したものではない。4Psとは，現実を深く考察したり，企業活動の戦略的な展開を検討したりする際に，その分析的な思考を導くための枠組みである。

　4Psという概念は，なぜ重要なのだろうか。すぐに思いつくのは，マーケティングのさまざまな手法や活動を4つのPとしてまとめておくと，覚えやす

表3-1　マーケティング・プログラム

4 Ps	具体的プログラム
製品 (Product)	コンセプト，市場調査，消費者行動分析，市場細分化，対象市場設定，ポジショニング，新製品開発，製品ライン，ブランド，包装，ラベル，保証
価格 (Price)	新製品価格設定（上澄み価格政策，浸透価格政策，端数価格，名声価格，差別価格など） 価格調整（割引，リベート，アローワンスなど）
流通 (Place)	チャネル選択，チャネル・ミックス，チャネル管理，ロジスティクス
プロモーション (Promotion)	広告，パブリシティ，人的販売，販売促進など

(出所)　大石（2006），265頁を一部修正

く便利だという理由である。

　しかし，4 Ps は単なる記憶のための符号ではない。より重要なのは，4 Ps を用いることによって，マーケティングにかかわる問題の認識と実践が，より的確に行われるようになることである。

3-2　マーケティング・マネジメントのプロセス

　マーケティングの計画，実行，評価にあたっては，製品，価格，流通，プロモーションという 4 つの P からなる枠組みが用いられている。マーケティング・マネジメントのねらいは，事業を発展させていくうえで不可欠な顧客との関係性を構築し維持することである。このねらいを達成するためには，マーケティング・ミックスを統合し，構成要素間の内的一貫性と，その外部環境との外的一貫性を実現する必要がある（図 3 - 1 参照）。

　マーケティング・マネジメントの作業フローは，マーケティング目標の確認から始まる。まず，マーケティング目標をしっかり確認しておくべきなのは，目標が市場シェアなのか，利益なのか，それともブランド認知の向上なのかによって，以降のステップで何を選択するのかの判断が異なってくる。

　マーケティング目標が明確になると，続いて検討されるのは，その実現にはどのような「ターゲット」，「ポジショニング」，「コンセプト」が適切かという問題である。このステップはマーケティング・マネジメントの要となる。また，次のステップで策定するマーケティング・ミックスの整合化を導く連絡環としての役割を担う。

　ターゲット，ポジショニング，コンセプトを策定したら，次は，それに従って，製品，価格，流通，プロモーションを具体的にどう展開していくかを決定する。ターゲット，ポジショニング，コンセプトを連絡環とすることで，整合性のとれたマーケティング・ミックスを策定していくことが可能になる。

　続いて，消費対応，競争対応，取引対応，組織対応の 4 つの観点から，策定したマーケティング・ミックスが適切かどうかをチェックする。ボトルネックが懸念される場合は，再度ステップ 2 に戻り，見直しを行う。1 から 4 までの

第3章　マーケティングの発展

```
ステップ1　マーケティング目標の確認
```
目標は市場シェアか，利益か，それともブランド認知の向上か？

```
ステップ2　ターゲット，ポジショニング，コンセプトの設定
```
マーケティング目標の達成を見込めそうなターゲット，ポジショニング，コンセプトを明確化する。

```
ステップ3　マーケティング・ミックスの策定
```
設定したターゲット，ポジショニング，コンセプトに沿って，マーケティング・ミックスを策定していく。

```
ステップ4　消費対策，競争対応，取引対応，組織対応の検討
```
策定したマーケティング・ミックスについて，消費対応，競争対応，取引対応，組織対応を検討する。

問題があればステップ2に戻り，ターゲット，ポジショニング，コンセプトを再検討する。

```
ステップ5　実行と再点検
```
策定したマーケティング・ミックスを実行し，その結果を再点検し，マーケティング・ミックスを修正する。

図3-1　マーケティング・マネジメントの作業フロー

(出所)　石井・栗木・嶋口・余田（2004），46頁

作業ステップは何度も繰り返されることが多い。以上のプランニング作業を行ううえで，策定したマーケティング・ミックスを実行に移す。

　良い製品（あるいはサービス）を作っても売れるとは限らないし，強い組織を作っても競争優位を獲得できるとは限らない。大事なことは，どのような製品を作るかであり，どのような組織を作るかである。顧客にとって価値ある製品を作り，顧客にとって価値ある製品を提供できる組織を作ることが必要であ

ろう。そのためのヒントとなるのがマーケティングである。

【注】
1） 大石（2006）。
2） マーケティング・ミックスとは，企業がマーケティング目的を追求するために用いる手法や活動の組み合わせのことをさす。マッカーシーはその手法を製品（product），価格（price），流通（place），プロモーション（promotion）の４つに分類した。これら４つのカテゴリーは，その頭文字をとってマーケティングの「４つのP」とよばれる（McCarthy 1960）。
3） Drucker（1973）。
4） 石井・栗木・嶋口・余田（2004）。
5） マーケティングの歴史については，井原（2001）および和田・恩蔵・三浦（1996）を参照されたい。
6） 昨今，マーケティングの主体は，大企業のみならず，非営利組織までをも含むようになった。本章におけるマーケティング主体は大企業に限定しない。

参考文献

池尾恭一・青木幸弘・南知恵子・井上哲浩（2010）『マーケティング』有斐閣
石井淳蔵・栗木契・嶋口充輝・余田拓郎（2004）『ゼミナール マーケティング入門』日本経済新聞社
井原久光（2014）『ケースで学ぶマーケティング（第２版）』ミネルヴァ書房
大石芳裕（2006）「第14章マーケティング：アスクルに学ぶ顧客志向の経営」明治大学経営学研究会編『経営学への扉（第３版）』白桃書房，249-269頁
和田充夫・恩蔵直人・三浦俊彦（1996）『マーケティング戦略』有斐閣アルマ
Drucker, P. F.（1973）*Management: Tasks, Responsibilities, Practices*, HarperBusiness.（上田惇生編訳，2001『マネジメント―基本と原則』ダイヤモンド社）
Kotler, P. and K. L. Keller（2006）*Marketing Management,* 12th ed., Peason Education.（恩蔵直人監修，月谷真紀訳，2008『コトラー＆ケラーのマーケティング・マネジメント（第12版）』ピアソン・エデュケーション）
McCarthy, E. J.（1960）*Basic Marketing*, Richard D. Irwin, Inc.
Apple Japan ホームページ，http://www.apple.com/jp/（2014年10月10日閲覧）

第4章
グローバル・マーケティング

　Global marketing is the process of adjusting a company's marketing strategies to adapt to conditions in other countries. In this chapter, it is argued about the definition of globalization, its background, and global marketing, and the analysis framework of global marketing. Worldwide standardization and a Local adaptation problem as an analysis framework of global marketing are not an alternative problem. This chapter shows the global marketing strategy of Nestle as a case. It is illustrated that the relationship between the head qusrter and the overseas subsidiaries, the relationship among subsidiaries as well.

キーワード
グローバル・マーケティング,グローバル化,
世界標準化,現地適合化

帰宅してテレビをつけると，さまざまな製品やサービスの名前が目に入ってくる。テレビや新聞，雑誌，ラジオなどのマスメディアはもちろん，モバイル・パソコンやスマートフォン，街に溢れた看板，スーパーやコンビニの棚，自販機などで，あり余る製品やサービスが氾濫している。そして，われわれはそのなかから一部の製品やサービスを選択し，消費し，生活している。

　日々の生活のなかでよく目にする製品あるいはサービスについて，食べ物である場合は産地などをチェックするが，それを製造あるいは提供する企業の国籍までチェックすることはしないであろう。多くの製品やサービスが，日本の企業であると思われていても，実際には海外の企業である場合も多い。たとえば，帰宅の途中，近くのお店で買ったものでも，国産の野菜から，フィリピン産のバナナ，オーストラリアの会社が作った栄養補助飲料，イギリスの会社が作ったシャンプー，フランスのミネラルウォーター，韓国のインターネット通信会社のプリペイドカードまで多種多様であり，まさにグローバル化している。生まれ故郷を愛し，地域志向の強いライフ・スタイルのもち主であっても，グローバル化の波は避けられないのである。企業においても同様のことがいえよう。さらに，日本企業の内向き志向については，学界のみならず実務界のなかでも危機感を募らせている。

　企業活動のグローバル化やグローバル・マーケティングが注目を集めるようになったのは最近のことであるが，国境を越えた企業活動の歴史は古い。本章では，企業活動のグローバル化からその背景，グローバル・マーケティングの定義，そして，グローバル・マーケティングの分析枠組みについて説明する。前半では，グローバル・マーケティングの理論について触れ，後半では代表的な多国籍企業であるネスレの事例を通して理解を深める。

1．企業活動のグローバル化とその背景

　日本の実務界においては，国際マーケティングが活発に実践されるようになって久しい[1]。日本企業の国際マーケティングが本格化するのは1985年の

第4章　グローバル・マーケティング

「プラザ合意」以降のことである。円高ドル安により海外直接投資が急増し日本企業の本格的な多国籍企業化が進展した。

　グローバル・マーケティングの定義は論者によってさまざまであり，その定義論争は未だ決着がついていない。本章では，大石（2009 a）の定義を用いることにする。グローバル・マーケティングとは国際マーケティングの現代的形態であり，企業がグローバルな（地球的）視野で国内市場も世界市場の一部と捉えつつ，国境を越えて同時に意思決定をしなければならないマーケティングである。

　企業の国際マーケティング活動は，国内市場中心的なドメスティック段階から，国際化の進展がみられるインターナショナル段階，そして諸活動のグローバル統合化が重視される統合グローバル段階へと進化すると考えられる[2]。このような国際マーケティングの一形態がグローバル・マーケティングである。

　グローバル・マーケティングは，米欧日企業の多国籍企業化がグローバルな規模で展開する1990年代に出現した。そして，発展途上国および新興経済国の企業もグローバル経済の重要なアクターとして登場している[3]。

　米国企業は，巨大な国内市場を基礎とした経営やマーケティングを世界的に展開することで世界市場における大きな地歩を確保してきた。優れた経営やマーケティングを確立した一部の巨大企業は，世界市場で勝ち残ることで競争優位を確保できることにいち早く気付き，多国籍企業として優位性を確立してきた。欧州企業は，米国企業よりも遅れて多国籍企業化を進めたが，もともと国内市場が狭隘であったため，同じ欧州を中心として海外市場に頼らざるを得なかった。したがって，常に主要海外市場を念頭に置いたマーケティングを展開することになる。代表的な欧州企業としては，ネスレ（スイス），ノキア（フィンランド），エリクソン（スウェーデン），フィリップス（オランダ），ベネトン（イタリア）などがあげられる。

　韓国やインドなどの新興国企業は，経済成長の歴史的制約から相対的に狭隘な国内市場という制約を背負っているために，企業成長の初期段階から世界市場に目を向けざるを得なかった。新興国企業は狭隘な国内市場だけを対象にし

たマーケティングでは生き残ることができなかった。今後，中国やロシア，ブラジル，メキシコなどの企業も同様の戦略をとり，世界市場での多国籍企業間競争はますます激しくなっている。

　企業活動がグローバル化していった背景について，以下のようにまとめることができる[4]。まず第1に，国内市場の飽和である。先進諸国では，国内市場の飽和化により，多くの企業が市場機会を求めて，国境を越えた企業活動に乗り出さざるをえなくなっている。第2にグローバル競争の変質である。特定の産業で確たる地位をもっていた企業が競争に曝されている。日本，韓国，台湾，中国などの企業が挑戦権を手にした。第3に，グローバル協調の拡大である。垂直的な協調はもちろんのこと，ライバル同士の水平的な協調がグローバルに広がっている。第4に，インターネット革命をあげることができる。近年，インターネットの普及と電子商取引の急激な増加は企業活動の範囲および内容までをも変化させている。たとえば，インターネットは企業と消費者の双方向の対話を促し，電子商取引（消費者向け，そしてビジネス向け）は急速な成長を示している。以上のような企業環境の変化は，グローバルな競争を激化させ，企業の市場機会の拡大を図るためグローバル化を進める。そのなかで，グローバル・マーケティングの重要性が高まっている。

2．グローバル・マーケティングの発展

　図4－1は国際マーケティングの進化を「製品の供給方法」と「マーケティングの性格」の変化を対峙させている。横軸は「時間の経過」を示し，縦軸は「管理・統合・調整の困難さ」を示している。まず，「製品の供給方法」は国内市場供給の国内マーケティングから始まり，商社を通した間接輸出，自らが輸出入業務に携わる輸出マーケティング，現地生産・現地販売の海外マーケティング，複数の国を横断して部品・部材・製品のやりとりをする国際ロジスティクス，そして複数の国をまたいでグローバルなサプライチェーンの全体最適化を目指すグローバルSCM（Global Supply Chain Management）へと進化してい

第4章 グローバル・マーケティング

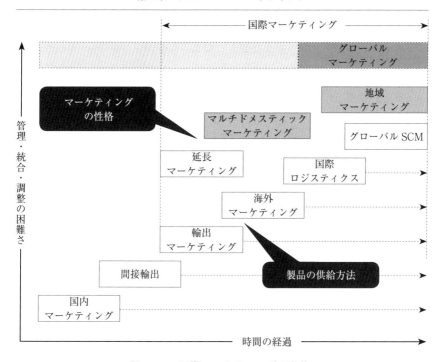

図4-1 国際マーケティングの進化

(出所) 大石 (2009a), 5頁

る。企業活動のグローバル化において製品の供給方法は,国内マーケティングから,間接輸出,輸出マーケティング,海外マーケティング,国際ロジスティクス,グローバルSCMへ進化していく。

国際マーケティングは国際化初期のマーケティングでグローバル・マーケティングは世界的生産拠点配置がほぼ完成した時期のマーケティングという考え方もある。しかし,国際化初期のマーケティングは,国内マーケティングを海外に延長した「延長マーケティング」であり,輸出マーケティングや海外マーケティング,グローバル・マーケティングなどと同様に国際マーケティングに含まれる。したがって,「国際マーケティングがグローバル・マーケティングへ質的に変化した」のではなく,国際マーケティングの一形態として捉える。

近年，国境の壁はさまざまな面で低くなっているものの，マーケティングを考える場合には依然として重要な要素である。なぜなら，グローバル・マーケティングのグローバル統合化が意味することは，国内市場も世界市場の一部として捉え，国境を越えて同時に意思決定をしなければならないからである。

3．グローバル・マーケティングの分析枠組み

　国際マーケティングにおけるマーケティング・プログラム（製品政策，価格政策，流通政策，プロモーション政策）の世界標準化（Worldwide Standardization, 以下，標準化）および現地適合化（Local Adaptation, 以下，適合化）は，企業の国際マーケティング行動の表層的な一側面に過ぎず，その背後では研究開発，生産，製品や部材の調達などの多くのマーケティング関連活動や，マーケティング計画，統制，評価といったマーケティング・プロセスが国際的に統合ないし調整されている[5]。

　標準化とは，同一のマーケティング・プログラムおよびマーケティング・プロセスを全世界で一様に採用する戦略であり，適合化とは，参入国の差異を重視し修正を加える戦略である。この標準化／適合化に関する諸議論は1960年代から繰り広げられてきた。当初は国際広告政策の標準化についての論争からはじまり，1960年代後半から1970年代にかけてマーケティング・プログラムの全領域に広がった。1980年代に入ると，Takeuchi and Porter（1986）によって，標準化，適合化，そしてそれらの同時達成について，国際マーケティングの配置と調整の問題と競争優位獲得との関係から指摘された。

　標準化戦略のメリットとしては，規模の経済と学習効果が働き，コスト削減が達成できる。世界的に製品，ブランド，ドレードマークなどを標準化することで，統一したイメージを形成し，ブランド・ロイヤルティを高めることができる。なお，優れたアイディアやそれを生み出す能力のある人材には限りがあるが，それらを集中的に活用し世界的規模で製品・サービスの向上を図ることができる。一方，適合化戦略では，現地のニーズに適合する戦略であるから，

現地における顧客満足を高める。参入国での顧客満足を向上させるので市場占有率や売上高は増大する[6]。

4．ネスレの事例

企業活動のグローバル化により，われわれは意識することなくグローバルな消費生活を送っている。たとえば，文化や歴史に密接な関係をもっている「食」でさえもグローバル化は進んでいる。ここでは，世界最大の総合食品会社であるネスレのグローバル・マーケティングの取り組みについて，ネスレ日本株式会社（以下，ネスレ日本）の事例を中心に紹介する。そして，同社におけるグローバル・マーケティングの戦略的な意義について述べる。

4-1 企業概要

1866年に創業したスイスの食品会社であるネスレは，2014年現在，86ヵ国・地域に447ヵ所の工場をもち，196の国・地域で製品を販売している世界最大の総合食品飲料企業へと成長した。2013年現在の売上高は922億スイスフラン（約9兆7,700億円），営業利益140億スイスフラン（約1兆4,800億円）である。主な事業内容は，コーヒー，食品，栄養補助食品，チョコレート，ペットケア製品などの製造・販売である。代表的な製品ブランドとしては，「ネスカフェ」「マギー」「アイソカル」「キットカット」「ピュリナ」などがある。日本には1913年，横浜に日本支店を開設し，煉乳やミルクフードなどのネスレ製品の営業活動を開始した。その後，1922年には日本支店を神戸に移転した。現在，ネスレ日本は国内で3つの工場をもち，社員数は約2,400人である（国内グループ会社含む）。

ネスレ日本の主要事業は，コーヒー・ティー，コーヒークリーミング，ココア，コーヒーマシン・カプセル，ティーマシン・カプセル，ギフトセット，チョコレート，調味料・調理食品，練乳・ガムシロップ，輸入食品，栄養補助食品，ペットフードの12の事業に分けることができる。

表4-1　ネスレ日本の沿革

年	主な内容
1913	ネスレ・アングロ・スイス練乳会社が横浜に日本支店を開設
1922	日本支店を神戸に移転
1938	インスタントコーヒーの生産発売
1960	日本でもネスカフェ販売開始
1967	ネスカフェゴールドブレンド発売
1986	業務用としてネスプレッソ発売
2007	ネスカフェ ドルチェ グスト，北海道地区で先行販売
2009	ネスカフェ バリスタ発売
2012	ネスカフェ アンバサダー展開開始
2013	スペシャル.T発売

（出所）　ネスレ日本の公開資料より作成

4-2　ネスレ本社によるグローバル・マーケティング管理

　ネスレは世界で1万以上の製品ブランドを有しており，その中で売上高1000億以上の製品ブランドは約30である。このような製品ブランドはグローバルに展開される，いわゆるグローバル・ブランドである。グローバル・ブランドといえば，世界で統一的なイメージをもたせて，本国本社の強力な管理下に置かれることが一般的である。しかし，ネスレの場合は，現地法人の決定を重視し，参入国の嗜好やニーズを製品や販売方法，広告に取り込んでいる。たとえば，ネスレのグローバル・ブランドのひとつである「キットカット」の場合，地域や季節によってさまざまな味が存在する。とりわけ，2003年から全国で展開している「受験生応援キャンペーン」は有名である。九州のスーパーで受験シーズンになると「キットカット（きっと勝つとぉ）」がよく売れることから，「キット，サクラサクよ」と掲げた店頭広告を仕掛けたのがきっかけとなっている。

　ネスレは先進国だけではなく途上国でも売上高を伸ばし，医療・健康関連分野への事業拡大に取り組んでいる。このネスレが途上国のBOP（Base of the Economic Pyramid）市場向けの事業戦略として打ち出しているのがPPP（Popularly Positioned Products）戦略である。PPP戦略とは，当該市場のニー

ズを満たすための，手頃な価格の製品に品質と栄養素を強化させ，小分けにするなど包装サイズを見直したものである。たとえば，インスタントコーヒーのネスカフェを小分け包装にすることで，BOP市場で事業を拡大し，参入国の商慣行に合った販売・営業を行っている。以上のように，グローバル・ブランドの製品名やロゴマークは標準化しているが，参入国のニーズに合わせてマーケティング・プログラムを適合化しているのである。

ネスレは総合食品会社であるので，「食」という文化に直結している製品を扱っている。そのため，参入国に合わせる適合化戦略が当たり前のようにみえるかもしれないが，新たな食文化を世界に広めている企業でもある。代表的な例としては，コーヒー事業をあげることができる。現在，欧米発のコーヒーを楽しむ食文化は，世界に広まっており，日本でも同様である。

さらに，グローバルで活躍する多国籍企業であることを活かし，現地法人での成功例をグローバルで展開している点で，グローバル・マーケティングを実践している企業でもある。以下では，日本発の家庭用コーヒーマシン「ネスカフェ バリスタ」，オフィスにコーヒーマシンを提供する「ネスカフェ アンバサダー」などの事例を概観する。

4-3 ネスレ日本におけるコーヒー関連事業

ネスレ日本のコーヒー関連事業には，インスタントコーヒーのみならず，レギュラーコーヒー，それぞれのコーヒーマシン・カプセル事業が存在する。そのなかで，最近脚光を浴びているのがコーヒーマシンを中心とした市場拡大である。具体的には，ネスプレッソやネスカフェ ドルチェ グスト，ネスカフェ バリスタが製造・販売されている。そして，新たな販売・営業システムであるネスカフェ アンバサダーが注目を集めている。

1986年に発売されたネスプレッソはエスプレッソ用のコーヒー粉を専用カプセルに入れ電磁ポンプにより高圧でエスプレッソを抽出するコーヒーマシンとカプセルコーヒーのことである。元々はホテルやレストランなどの業務用として採用されていたが，発売以降，継続的な改良が加えられコーヒーマシンの小

写真4-1　コーヒーマシンとカプセル

（出所）　ネスレ日本ホームページ．http://d.nestle.jp/（2014年10月10日閲覧）

型化と低価格が実現され，家庭用として普及している。

　ネスカフェ　ドルチェ　グストは，2005年秋にスイス，ドイツ，イギリスで発売された。焙煎して砕いた豆を使うレギュラーコーヒーが入っている専用カプセルをコーヒーマシンにセットすると，カフェで出されるような本格的なコーヒーを簡単に作ることができる。2007年には，ヨーロッパ7カ国へ展開するとともに，日本に導入された。

　ネスレにおける日本市場は，インスタントコーヒーのネスカフェ事業では70％の市場シェアを占めているが，レギュラーコーヒー事業は手付かずの状態だった。これらネスプレッソとネスカフェ　ドルチェ　グストは，レギュラーコーヒー事業への市場拡大を可能にした。これらのシステムは，手頃な価格で本格的なエスプレッソとコーヒーが楽しめる高付加価値製品である。

　2009年に発売されたネスカフェ　バリスタは，インスタントコーヒーであるネスカフェで簡単にさまざまなコーヒーメニューが楽しめる家庭用コーヒーマシンである。コーヒーマシンに入れた水を温めて高圧で噴出することで1杯ずつ泡立つコーヒーができる。レギュラーコーヒーでなくインスタントコーヒーを使った抽出機は世界初であった。この日本発のネスカフェ　バリスタは，世界14カ国・地域に導入されている[7]。

　さらに，2012年11月，「ネスカフェ　アンバサダー」という新しいビジネスモデルが導入された。アンバサダーは親善大使を意味し，オフィスでネスレの

コーヒーを広めてくれるロイヤリティの高い顧客の集まりのことをさす。ネスレ日本はオフィスで勤務している人を対象に公募で会員登録してもらい，コーヒーマシンを無料で提供した。コーヒーマシンを無料で提供することで初期のハードルを下げただけではなく，アンバサダーを顧客の生の声を聞く重要な存在に位置付けた。アンバサダー対象のアンケート調査やSNSでの情報発信をもとに改良が加えられるなど，顧客が本当に求めている製品やサービスを一緒に作り出すシステムが構築された。現在，ネスカフェ アンバサダーの対象コーヒーマシンはネスカフェ ドルチェ グストとネスカフェ バリスタを採用しており，専用のコーヒーカプセルやカートリッジを継続的に購入してもらう事業を拡大させ，オフィス向け市場の開拓につながった。さらに，病院や学校，公民館などの施設にも導入を始めている。

その他，2013年には「スペシャル．T」という紅茶や緑茶を抽出する専用マシンが日本で発売された。ネスプレッソやネスカフェ ドルチェ グストと同様，1杯分ずつ粉を包装したカプセルをマシンに入れ，お茶を入れる仕組みである。カプセルは「アールグレイ」や「霧島煎茶」など28種類で，茶葉の種類に応じて，湯の温度や蒸らす時間をマシンが自動で調整する。欧州ではすでに2010年に同商品を発売しており，アジアでは日本が初めてである。

本章では，企業活動のグローバル化からその背景，グローバル・マーケティングの定義，そして，グローバル・マーケティングの分析枠組みについて概観した。グローバル・マーケティングの分析枠組みとしての標準化／適合化問題は，標準化すべきか，適合化すべきかという二者択一ではなく，それらをどのように組み合わせるかの問題へと複雑化している。グローバル・マーケティングは，グローバルな視野で，国境を越えて同時に意思決定をしなければならないマーケティングである。本章で紹介した本国本社と現地法人のみならず，現地法人間の連携に関するネスレの事例は，グローバル・マーケティングの全体像を見せている。

【注】
1) 国際マーケティング（International Marketing）は，「国境を越える」マーケティングであり，地球規模で世界市場を捉えるグローバル・マーケティングとは異なる。
2) 諸上・藤沢（1997）。
3) 大石（2009a, b）。
4) Kotabe and Helsen（2008）。
5) 大石（1993a, b, c）。
6) 標準化と適合化のメリットについては，大石（2001）を参照されたい。
7) ネスカフェ バリスタは，アレグリア（Alegria）という製品名で，オーストラリア，ベルギー，デンマーク，フィンランド，フランス，ハンガリー，ニュージーランド，ノルウェー，シンガポール，南アフリカ，スウェーデン，オランダ，UKアイランド，米国に導入されている。

参考文献

江夏健一・太田正孝・藤井健編（2008）『国際ビジネス入門』中央経済社
大石芳裕（1993a）「国際マーケティング標準化論争の教訓」『佐賀大学経済論集』第26巻第1号，1-34頁
大石芳裕（1993b）「グローバル・マーケティングの分析枠組」『佐賀大学経済論集』第26巻第2号，1-27頁
大石芳裕（1993c）「グローバル・マーケティングの具体的方策」『佐賀大学経済論集』第26巻第3号，1-25頁
大石芳裕（2001）「国際マーケティング複合化の実証研究」『明治大学社会科学研究所紀要』第40巻第1号，129-139頁
大石芳裕編（2009a）『日本企業のグローバル・マーケティング』白桃書房
大石芳裕編著（2009b）『日本企業の国際化―グローバル・マーケティングへの道―』文眞堂
諸上茂登・藤沢武史（1997）『グローバル・マーケティング』中央経済社
Kotabe, M. and K. Helsen（2008）*Global Marketing Management 4thEdition*, John Wiley & Sons, Inc.（栗木契監訳，2010『国際マーケティング』碩学舎）
Takeuchi, H. and M. E. Porter（1986）"Three Roles of International Marketing in Global Strategy," In Porter, M. E. ed. *Competition in Global Industries*, Harvard Business School Press.（土岐坤・小野寺武夫・中辻万治訳，1989『グローバル企業の競争戦略』ダイヤモンド社）
『日本経済新聞』
ネスレ日本ホームページ，http://www.nestle.co.jp/（2014年10月1日閲覧）

第5章
経営革新と投資行動

　The purpose of this chapter is to analyze the investment behavior of companies. As a condition of the first mover, Alfred D. Chandler, Jr. pointed out that it is to invest aggressively ahead of competitors. Because the investment was carried out intensively in small parcel delivery services, Yamato Transport Co., Ltd. became the first mover. Return on Assets (ROA) of Yamato Transport since the late 1970s was increased compared to its competitors. Investment behavior of the company has led to economies of scale.

　In recent years, overseas business development of Yamato Transport, has been converted into that instill a small parcel delivery services of Japanese style. That is, Yamato Transport, is that must be performed investment behavior similar to Japan.

キーワード
スケールメリット（規模の経済），一番手企業，総資本利益率（ROA）

経営史の大家チャンドラー（Chandler, A. D. Jr.）は，大企業となるのは，先駆的企業ではなく，一番手企業（first mover）であると説いた。いくら他社に先駆けて事業を開始したとしても，それがシェアの獲得を保証するものではなく，後発企業にシェアを奪われてしまう可能性はありうる。そうしたシェア獲得を決定づけるのが積極的な投資である。大規模な投資を行うことで他社の追随を許さず，参入障壁を築くことで圧倒的な競争優位を築くのである。すなわち，一番手企業とは，他社に先駆けて大規模な投資を行った企業ということになる。

　チャンドラーの理論は，アメリカのビックビジネスをもとに構築されている。そのような産業の特色のひとつには，機械設備や土地・建物などの固定資産への投資規模が競争優位との相関をもつという資本集約的な面が強い。

　本章では，ヤマト運輸の宅配便事業進出から，宅配便事業者として確立されるまでの過程をみる。運輸業のなかで，鉄道や海運といった大型輸送機械を使用するものに比べると，トラック輸送は資本集約的というよりも，多くの労働者（運転者など）を必要とするため，労働集約的といえる。しかし，トラック輸送のなかでも，トラック1台あれば成り立つような事業とは異なり，トラックターミナルやターミナル内の物流機器といった大規模な投資を必要とするような事業もある。それが長距離路線トラック事業や宅配便である。ともに大規模な輸送ネットワークの構築が競争を左右した。ヤマト運輸は，戦前から路線トラック事業を行っていたが，戦後の長距離化には出遅れた。進出したときにはすでに大手に阻まれ，劣勢にたたされてしまった。そうした状況のなかでの起死回生の策が宅配便事業への進出であった。家庭向けの宅配便事業は郵便局が行っていたに過ぎず，採算がとりにくいこともあって，どのトラック運輸業者も二の足を踏んでいた。そのような未開拓の地にヤマト運輸はいち早く進出し，宅配便事業で一番手企業として確立したのであった。

　本章が注目したいのは，ひとつめには，宅配便事業進出のきっかけとなった長距離路線トラック事業での出遅れである。それがどの程度の劣勢であったのか。長距離路線トラック事業の一番手企業である西濃運輸と比較してみよ

う。2つめには，宅配便進出後のヤマト運輸の投資スピードである。一番手企業となるには，大規模な投資を行わなければならない。その投資スピード，ならびに競合他社の追随を許さない大規模な投資がどのように行われたかである。宅配便戦争といわれた1980年代における競合他社と比べてみよう。3つめには，海外事業進出についてである。ヤマト運輸の海外展開は1980年から行われたものの，全社売上高に占める海外売上高の割合は現時点においてもわずかである。現在，「日本式」のきめ細かいサービスの宅配便が海外でうけているとはいえ，なぜ海外売上高比率は低いままなのであろうか。

1. 長距離路線トラック事業での出遅れ

　戦後の輸送需要の増大に対して，鉄道がそれに対応することが期待されたが，一向に改善されないまま，慢性的な供給力不足の状態が続いた。駅に配送を待つ荷物が積み残された状態が常態化するようになった。そうした鉄道輸送力不足を補ったのがトラック輸送であり，その結果，輸送機関別のトンキロ分担率において60年代半ばに鉄道とトラックの比重が逆転した。

　トラック運輸業者の多くは小規模零細業者で，短距離の輸送が主である。それらの数の増加によって，トラック輸送のトンキロは高まった。しかし，トラック輸送のトンキロが鉄道のそれを凌駕したのはそれだけではない。鉄道に匹敵する都市間の輸送，すなわち長距離輸送が増大したことも寄与した。それは長距離路線トラック業者の成長にあらわれている。複数の荷主から集荷した貨物を1台のトラックに積み合わせ，運行する。そのため，集荷と配送のための全国規模でのネットワークを必要とする。大規模なトラック運輸業者があらわれ，その最大手が西濃運輸である。

　岐阜県大垣市に本社がある西濃運輸は，戦前に田口利八が創業した田口自動車に端を発する。戦時期には交通事業の統合があったが，戦後に水都産業として再出発をはかり，それが今日の西濃運輸となった。戦後まもなく田口は長距離路線トラック輸送に着目し，業界の先陣を切って1950年に東京～大阪間で路

線免許を取得し，同区間を22時間で走破する「弾丸便」を1954年から運行開始した。西濃運輸が長距離路線トラック事業で成功したのは，業界の慣行であった「水屋」依存から脱し，自社営業所を積極的に開設した点にあった。水屋と呼ばれた地場の運送業者と連携すれば，遠隔地での配送を担ってもらうことができ，大変に便利であった。しかし，長距離路線トラックの輸送にとって重要なのは，往路・復路ともに荷物を安定して確保できるかどうかにあった。自社営業所の設置は，長距離路線トラックの復路の貨物を集荷するために必要な投資であった。また，自社営業所を有することは，次の営業所建設のための担保となり，営業所の設置をすすめる好循環をもたらした。

　同じ頃，ヤマト運輸は長距離路線への進出に出遅れていた。戦前に築いた関東圏内の路線トラック事業に安住し，関西圏への長距離路線トラックの運行には二の足を踏んだ。その結果，ヤマト運輸と西濃運輸との間には大きな格差をもたらした。ヤマト運輸の小倉昌男は次のような言葉で表現している。

　「私が営業部長になった昭和34（1959）年当時，東京の深川にあったトラックターミナルは，古い木造で床に穴が開いており，フォークリフトは使えなかった。資本金は1億円。財務体質が弱いため設備投資などできなかったのである。荷物の積み下ろしは手押し車でやるしかなく，能率は上がらなかった。一方，西濃運輸は名古屋に鉄筋コンクリートの大きなトラックターミナルを建てていた。能率が上がるからサービスも良く，荷主の信用が高いから収入も利益も伸びていく。財務体質が強いから設備投資もどんどん行われ，労使の関係も良好だった。つまり，西濃運輸が"善い循環"をおこしているのに，ヤマト運輸は"悪い循環"に悩まされていたのである。」（小倉 1999, 35頁）

2．宅配便事業への進出

　ヤマト運輸は，長距離路線トラックへの進出に出遅れ，同業他社に対し劣勢に立たされていた。そうした同社が新たな需要の開拓に迫られたなかで生まれたのが「宅急便」であった。小倉は，大口貨物中心で貸切に近い輸送よりも複

第 5 章　経営革新と投資行動

数口を積み合わせて輸送した方が，1 車当たりの売上高が高くなることを認識した。そのことを 1972 年 10 月に「多品種少量輸送に対する物流のシステム化構想」としてまとめ社内で提案した。小口貨物輸送の構想については，1961年 2 月に日本トラック協会訪米視察団の一員として渡米した際に，米国のUPS 社がおこなっていた小口貨物輸送に刺激をうけた。既存の国鉄小荷物と郵便小包はサービスが不十分なままで，同業他社は不採算性を理由に宅配便市場には参入していなかった。しかし，同様に社内でも不採算性を理由に反対されたが，小倉はそれを押し切って，1974 年 10 月に自社の百貨店配送網を利用し，20kg 以内の小口貨物を対象に，都内および近郊への翌日配達をするサービスとして「小口便」を試験的に開始した。1976 年 1 月には「宅急便」の商標でもって本格的な営業を開始した。

　宅急便の成功には，とにかく取扱量を増やすことが重要であった。宅急便のシステムを構築するには莫大な設備投資が必要であるが，それを効果的に機能させ，スケールメリットを享受するには，ある程度の規模の取扱量を超えなければ単位当たりの費用が減少しないからである。そのためにチラシの配布やテレビ CM を積極的に行った。1976 年後半からは取次店を設置していった。営業所の数が少ないなかで顧客にとって利用のしやすい「受付窓口」を設けるためであった。それにふさわしい店として，運輸専門店以外の店，その地域に古くから存在する信用ある店，本業を兼ねて集荷できる車のある店が選ばれ，米店，酒店，燃料店，クリーニング店，牛乳店などと交渉し，取次店を増やしていった。これらの荷物を最終的に集約するための施設としての大型ターミナルの建設も並行して行った。

　以上のような宅急便への集中的投資とは対照的に，旧来の事業からは次々と撤退していった。まずは，大口貨物からの撤退である。依然として安定した収益をもたらしていた時点での撤退であったから，当然のことながら，会社全体の事業収支に大きな影響を与えた。1979 年度に同社の路線事業は赤字を計上した。他方で，宅急便には集中的な投資を継続したために，翌年度は黒字に回復した。1979 年 2 月には戦前来の付き合いであった三越との取引から撤退した。

三越社長の岡田茂との確執があったとはいえ，大口の取引先を失うことの衝撃は大きかった。しかし，それが宅配便事業にますます注力する体制を整えた。

3．宅配便事業の確立

宅急便が軌道に乗り始めた80年代に，同業他社が宅配便市場に次々と参入し始めた。「宅配便戦争」と称された参入企業の数は1983年初めには，113社を数え，全国の路線トラック会社の3分の1に及んだ。宅配便のブランド数は35あり，企業間の競争が激化した。（日本産業新聞編 1983, 17頁）

競争が激化するなかで，社長の小倉は1981年4月に社内に向けて「ダントツ3カ年計画」を発表した。

1．顧客のニーズに応える優れたサービスの提供
2．システムとして完成された作業体制の確立
3．全員経営の徹底と志気の高揚
4．人間性に満ちた企業活動の展開

優れたサービスに注目すると，それは「スピード」であり，そのためのシステム構築に取り組んだ。

各都道府県の事業所を，ベース（運行基地），センター（集配店），デポ（集荷・受付店）というように機能別に分け，他府県間の移動はベース間でおこなうことを基本とした。そこに運行ダイヤを設定することで，翌日配達地域を広めた。また，作業効率を高めるため，ボックスパレットや自動仕訳機を導入した。さらに宅急便専用のウォークスルー車が開発され，配送効率も高めた。

以上にみたヤマト運輸の宅急便の取り組みの成果を数値で確認してみよう。表5-1は，ヤマト運輸と西濃運輸の業績を比較したものである。一番手企業の特徴は，その投資規模の大きさと利益率の高さにあらわれてこよう。そこで，投資規模については総資本（資産＋負債）を，利益率については総資本利益率（ROA）をみる。ROAは，企業が銀行などの外部からの借り入れのほか，株主から調達したすべての資金を運用した結果，どれほどの利益をえたかを計算し

第5章 経営革新と投資行動

た指標である。

　高度成長期に長距離路線トラック事業において一番手企業として確立した西濃運輸は，1974年度の時点で，総資本も，利益率もヤマト運輸と比べると圧倒的に優位であった。先に紹介した小倉の言葉は，このような格差を悔やんでのことであろう。しかし，その後の両社の変化をみると，西濃運輸の総資本は拡大しながらも，ROAは著しく低下していった。他方で，ヤマト運輸の総資本は西濃運輸のそれを上回る勢いで急拡大しながらも，ROAは一時期の低下を脱し，上昇した。かつて小倉が悩まされていた「悪い循環」を断ち切ったことが，この数字からも読み取ることができる。

表5-1　西濃運輸とヤマト運輸のROA比較

(単位：百万円)

	西濃運輸					ヤマト運輸			
	当期純利益	総資本			ROA(％)	当期純利益	総資本			ROA(％)
		期首	期末	平均			期首	期末	平均	
1974年度	3,259	43,826	45,817	44,822	7.27	257	18,659	19,307	18,983	1.35
1979年度	5,810	67,540	73,366	70,453	8.25	666	26,468	28,072	27,270	2.44
1984年度	3,672	121,080	124,450	122,765	2.99	2,209	86,578	117,444	102,011	2.17
1989年度	8,575	205,099	214,529	209,814	4.09	3,400	215,585	234,741	225,163	1.51
1994年度	5,444	294,925	351,949	323,437	1.68	10,877	414,649	428,595	421,622	2.58

(注)　西濃運輸の1989年度までの決算は当年5月1日～翌年4月30日であり，1994年度の決算は当年4月1日～翌年3月31日である。
　　ヤマト運輸（1979年度までは大和運輸）の1974年度の決算は当年2月1日～翌年1月31日であり，1979年度以降の決算は当年4月1日～翌年3月31日である。
　　ROAは，当期純利益÷平均総資本×100（％）によって算出した。
　　平均総資本は（期首総資本＋期末総資本）÷2である。
(出所)　各社有価証券報告書（各年版）より作成

4．宅配便市場の競争

　ヤマト運輸が，企業向けの商業貨物を対象とした長距離路線トラック事業への出遅れから，家庭向けの小口貨物に注目し，その輸送システムの構築に集中投資をしたことで宅配便でのシェアを獲得した。一方で，企業向けの商業貨物のなかでも，特に小口の貨物の取り扱いを積極的に行い，宅配便のシェアを獲得していったのが佐川急便であった。前者は，C to C，いわゆる消費者（C：Consumer）間の宅配便であるのに対して，後者は，B to B，すなわち企業（B：Business）間の宅配便である。佐川急便は，江戸時代の飛脚に端を発する「急便」から起業した。荷主からの出荷要請に何でもこたえるという便利屋である。ヤマト運輸の宅急便は，米国UPS社を手本としたとされるが，「急便」のノウハウから学んだ部分も大きかった。今日では，ヤマト運輸と佐川急便は宅配便市場を二分しており，ヤマト運輸にとって，佐川急便は強力なライバル企業である。

　路線トラック業者が相次いで宅配便事業に参入した1980年代の「宅配便戦争」において，江戸時代の飛脚問屋から，鉄道が発達した時代には駅での集荷・配達を担う通運事業の独占企業体を築き上げた日本通運のペリカン便，さらに長距離路線トラックの先駆的企業である西濃運輸や日本運送などは，ヤマト運輸の宅急便の成功をみて，巻き返しを狙うことを考えられた。ところが，それらの企業が宅配便事業で大きなシェアを獲得することはなかった。ペリカン便でさえも2010年7月に郵便事業株式会社（ゆうパック）に事業を引き継ぎ，姿を消してしまった。

　そのような結果をもたらした理由として投資行動の差異があげられる。バブル期に旺盛な輸送需要に支えられた路線トラック業者は，バブル崩壊後の輸送需要の減少に際して，路線トラックのネットワーク構築を確立するための投資を行った。スケールメリットによる優位をもった上位企業への淘汰を予想したからであった。すなわち，バブル期前後のいずれの時期においても，相変わら

第5章　経営革新と投資行動

ず宅配便事業よりも路線トラック事業への投資が優先されたのである。

　同時期にヤマト運輸は宅急便への集中的な投資を行った。ダントツサービスを実現するために，全国ネットワークの拠点を構築した。ターミナルの建設，店所や集配車両を急激に増やした結果，前掲表5-1を見ると，1989年から1994年にヤマト運輸の総資本は倍増したが，それ以上に純利益が増えた。この期間におけるヤマト運輸のROAは，西濃運輸のそれとは対照的な変化となった。西濃運輸の場合，投資が効率的な純利益の増加にむすびつかなかったのである。

　そして，佐川急便も，宅配便事業に集中投資を行った。そのきっかけは，1991年7月におこった東京佐川急便の経営者による特別背任事件（東京佐川急便事件）の発覚であった。これに伴い東京佐川急便は莫大な負債をかかえることとなり，一時は会社更生法の適用も検討された。しかし，1992年5月に東京佐川急便をはじめ，グループ6社が合併し，佐川急便として第2の創業をめざした。そのなかの取組みのひとつに「新商品・新サービスの開発」がある。1998年3月に佐川急便は宅配便事業に参入した。もともとB to Bの企業間の小口貨物の輸送を得意としていたが，通販ビジネスの成長に伴う事業者から一般消費者へのB to Cの配送需要にも注目したのであった。

　結果として，図5-1にみるように，宅配便サービスに圧倒的な競争力を有したヤマト運輸と佐川急便の2強時代がおとずれることとなった。

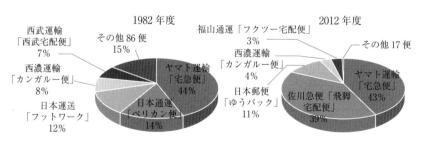

図5-1　宅配便市場のシェア

（出所）　1982年度は，日本産業新聞編『宅配便戦争』日本経済新聞社，1983年，37頁，より筆者作成。
　　　　もとのデータは運輸省調べのもの
　　　2012年度は，『平成24年度宅配便等取扱実績関係資料』（国土交通省調），より筆者作成

5．海外事業展開

　1980年4月にヤマト運輸は初の海外現地法人，米国ヤマト運輸を設立した。その目的は，国内の宅急便の延長線上に，一般家庭から一般家庭への一貫したドア・ツウ・ドアの輸送サービスを開発するためであった。しかし，アメリカに自力のネットワークを構築することは難しく，アメリカでの配送は現地の小口配送大手のUPS社と提携した。さらにヤマト運輸が中国市場に参入したのは2010年1月のことである。前年に商用トラックの許可ナンバーを有する中国現地企業の上海巴士物流に出資し，同社を雅瑪多（中国）運輸有限公司と改称した。ライバル企業の佐川急便が2003年に中国に参入していることに比べると，ヤマト運輸はその後塵を拝している。

　ただし，有価証券報告書に記されているセグメント情報をもとに，ヤマト運輸の海外売上高比率をみると，全社売上高の2％程度に過ぎず，そのような状況は10年前と比べてもあまり変化がない。ヤマト運輸の海外事業展開の評価はこれからである。それは時期的な遅さでもなければ，数値の低さを評してのことでもない。

　かつてヤマト運輸社長の山崎篤は，「宅急便ブランドと仕組みをそのまま海外にもって出ていくことは考えていない」とし，2003年10月に初の中国現地法人の雅瑪多（中国）運輸を設立したときも，中国から日本への輸入に際して宅急便のネットワークを使って輸送するためとしていた。（『LOGI-BIZ』2005年1月号，8-9頁）それが，いまでは，日本の宅急便のブランドを中国で開業するという戦略に転換している。

　従来の海外展開が，日本と海外をむすぶためのものであり，日本から海外にも宅急便のネットワークを使って運ぶことができるようにするものであった。いわば，地理的な延長に過ぎなかった。既存の海外現地法人と業務提携をするだけで良かった。それとは異なり，海外でも日本と同様の宅配便事業を行うことは，「日本式」の宅急便サービスを海外で提供するということであり，既存

第 5 章　経営革新と投資行動

の海外現地法人との競争を引きおこす。そこには競争優位をもたらす投資が必要となる。すなわち，海外現地法人がもちえない「日本式」サービスを，日本国内で行ったのと同様に一番手企業となるべく投資を行わなければならないということである。

　本章では，投資ということに注目してきた。一番手企業となるべく投資をいかなるタイミングで，どのように行うか。ヤマト運輸が日本国内で宅配便を確立させたのは，そのような投資の方法が成功したからである。時に大胆な，集中的な投資を行うことで，ヤマト運輸は宅配便事業において日本国内で一番手企業となりえた。そうした「日本式」を海外でも確立させようとしているいま，日本でのやり方と同様に，ヤマト運輸は海外事業でも集中的な投資行動を行えるかどうかに注目される。

参考文献

西濃運輸五十年史編纂委員会編（1997）『西濃運輸五十年史』西濃運輸
ヤマト運輸株式会社社史編纂委員会編（1991）『ヤマト運輸70年史』ヤマト運輸
Chandler, A. D. Jr. (1990) *SCALE AND SCOPE : The Dynamics of Industrial Capitalism*, Harvard University Press.（安部悦生・川辺信雄・工藤章・西牟田祐二・日高千景・山口一臣訳，1993『スケール・アンド・スコープ』有斐閣）
Jones, G.（1996）*The Evolution of International Business An Introduction*, International Thomson Business Press.（桑原哲也・安室憲一・川辺信雄・榎本悟・梅野巨利訳，1998『国際ビジネスの進化』有斐閣）
小倉昌男（1999）『小倉昌男　経営学』日経BP出版センター
日本産業新聞編（1983）『宅配便戦争』日本経済新聞社
藤原雅俊（2013）「補助的サービスの中核性・論理から事例を読み解く・ヤマト運輸」伊丹敬之編『日本型ビジネスモデルの中国展開』有斐閣
『LOGI-BIZ』2004年4月号
『LOGI-BIZ』2005年1月号

第6章
経営戦略論

This chapter has two main purposes. One is to review the previous literature on corporate strategy and business strategy (competitive strategy) in order to grasp their important points for strategic planning, and the other is to introduce some frameworks that are useful in strategic planning.

Since unexpected environmental changes occur, matching the firm's strengths and weaknesses with the environmental opportunities and threats is important. Therefore, strategic management is becoming increasingly significant in the current situation in which the globalization of the economy is leading to more agile competition between and within industries.

While corporate strategy defines the domain of the firm's activities and entirely covers the distribution and accumulation of its resources, business strategy aims to increase market share and profitability in the individual business units of the firm. Although there is conceptually a hierarchical relationship between corporate strategy and business strategy, they are closely entwined. Therefore, strategic planning requires the optimization of overall operations rather than that of only specific segments of the firm.

キーワード
全社戦略,企業ドメイン,成長ベクトル,シナジー,プロダクト・ポートフォリオ・マネジメント,事業戦略,5つの競争要因,バリューチェーン分析,VRIOフレームワーク,SWOT分析

企業を取り巻く環境が大きく変わるなか，戦略への関心が高まっている。長期的な成長志向の強い日本企業は高品質・低価格の類似製品をこぞって市場に投入することで，需要を喚起することに成功してきた（淺羽 2002）。しかし，株式相互持合いや長期雇用慣行の消失によって，日本型企業システムは大きく揺らいでいる。

　本章では，まず戦略の概念と戦略策定のプロセスを把握した上で，全社戦略と事業戦略のそれぞれのポイントを，先行研究の成果を踏まえて解説する。すなわち，本章は経営戦略の理解を通して，その実地での応用を狙いとする。

1．経営戦略の全体像

1-1 戦略とは何か

　今日，戦略（strategy）という言葉は「〇〇戦略」や「戦略的〇〇」など，さまざまに使われている。もともと軍事用語だった戦略という言葉を経営学で最初に使ったのがチャンドラー（Chandler, A. D. Jr.）である。彼は戦略を「長期の基本目標を定めたうえで，その目標を実現するために行動を起こしたり，経営資源を配分したりすること」（Chandler 1962）とした。その後も，戦略の概念は論者によって多様に定義されてきた。たとえば，「組織がその目的を達成する方法を示すような，現在ならびに予定した資源展開と環境との相互作用の基本的なパターン」（Hofer=Schendel 1978），「環境適応のパターン（企業と環境とのかかわり方）を将来志向的に示す構想であり，企業内の人びとの意思決定の指針となるもの」（石井・奥村・加護野・野中 1996），「いかに競争に成功するか，ということに関して一企業がもつ理論」（Barney 2002），「企業の将来像とそれを達成するための道筋」（青島・加藤 2012）などさまざまである。本章では，これらの定義のなかから最大公約数をとって，戦略を「目標の設定と，それを達成するための方法を描いたもの（シナリオ）」とする。つまり，戦略は目標を掲げるだけに留まらない。企業の将来的な方向性を示す目標を設定し，その目標を実現するにはどうしたらよいか，具体的なシナリオを描く必要があ

る。また，戦略とよく似た言葉に戦術（tactics）という言葉があるが，戦略と戦術は異なる。戦略があるべき姿を実現するための長期的な視点に立ったシナリオであるのに対して，戦術はそのシナリオに沿って具体的に実行する短期的な活動内容である。したがって，具体的な戦術を寄せ集めれば，よい戦略ができるというわけではない。

1-2 戦略策定のプロセス

戦略の概念が多様であるように，戦略策定のプロセスも定型的な決まりはないが，組織の階層と同様に戦略にも階層が存在する。企業全体に関わる戦略を全社戦略（corporate strategy）とよび，個々の事業分野の競争に関する戦略を事業戦略（business strategy）もしくは競争戦略（competitive strategy）とよぶ。そして，機能別戦略（functional strategy）は研究開発戦略，生産戦略，マーケティング戦略，人事戦略，財務戦略などの各機能分野レベルでの戦略をさし，資源の効率的な利用をめざす。

概念上，全社戦略は事業戦略の制約要因として，また事業戦略は機能別戦略の制約要因として働く。すなわち，全社戦略は目標を達成するために「事業はいかにあるべきか」を定め，事業戦略は「その事業領域でいかに競争優位を確立するか」を決め，機能別戦略では「いかに各機能を効率的に利用するか」を決定する。しかし，現実には，トップ・マネジメントが事業部や各機能部門を無視できないように，全社戦略，事業戦略，機能別戦略は相互に関連しており，個別には機能しない。本章では，戦略の階層に沿って全社戦略と事業戦略の策定におけるそれぞれのポイントを解説する

2．全社戦略

　全社戦略のポイントは「事業はいかにあるべきか」である。この問いに答えるために，企業の将来の方向性を示し，実際の活動領域を設定して，その活動に必要な資源の配分を決定する。

2-1 経営理念と目標

　経営理念（mission）とは企業の経営に対する普遍的な価値観であり，企業は何のために存在するのかを表したものである。経営理念は組織構成員の行動の指針や意思決定の根拠となり，また社会における企業の存在意義を示すという機能を有する。たとえば，パナソニックでは1929年の創業時に松下幸之助が制定した綱領「産業人タルノ本分ニ徹シ社会生活ノ改善ト向上ヲ圖リ世界文化ノ進展ニ寄興センコトヲ期ス」を今日も経営理念として，あらゆる経営活動の根幹としている（パナソニック「経営理念」）。

　企業にとってもっとも重要な経営理念に基づいて，企業が長期的に達成しようとしている到達点を示したのが目標（objectives）である。目標は具体的で測定可能な業績上のターゲットという点で，抽象的な価値観の言説で表現される経営理念とは異なる。

2-2 企業ドメイン

　企業ドメイン（domain）とは企業が活動する領域や範囲のことである。企業ドメインには現在の事業領域と，将来の事業の広がりを示す戦略領域がある。したがって，企業ドメインの決定とは「わが社はいかなる企業であり，いかなる企業になろうとしているのか」という質問に答えることである（榊原 1992）。企業ドメインがなくても日常活動を行うことはできるが，めざすべき領域がないまま事業を広げると経営資源の分散を招き，結果として競争優位を築けなくなる。そのため，企業ドメインの定義には，既存の事業領域を列挙するだけでなく，将来の方向性を明示的に示す戦略領域が必要となる。戦略領域としてのドメインは，① 活動境界の明確化，② コアとなる資源の蓄積，③ 組織内に一体感の醸成といった機能を果たす（網倉・新宅 2011）。

　また，企業ドメインの定義は，物理的実体だけに着目した定義よりも顧客の求める機能に着目した定義の方が事業発展の可能性が高いとされる。たとえば，アメリカの鉄道会社の凋落は人や物の移動に対する需要が増大するなかで起きた。その原因はアメリカの鉄道会社が自らの事業を輸送サービスという機能面

ではなく,鉄道という物理面で定義したからである。企業ドメインの物理的定義はカバーする領域が狭く,企業を取り巻く環境の変化に対応して企業ドメインを変更する余地を狭める(榊原 1992)。

2-3 成長ベクトル

成長ベクトルとは企業全体としての成長の方向性を示すものである。アンソフは企業における意思決定を戦略的意思決定,管理的意思決定,業務的意思決定の3種類に区分し,そのなかでも「経営活動の意思決定のプロセス全体の主要な外形」を決めるのが戦略的意思決定であるとした(アンソフ 1965)。彼が主張した戦略的意思決定とは,企業とその企業を取り巻く環境との関係において製品—市場ミックスを選択することである(表6-1)。

表6-1 成長ベクトルの構成要素

	製品 既存	製品 新規
市場 既存	市場浸透戦略	製品開発戦略
市場 新規	市場開発戦略	多角化戦略

(出所) Ansoff(1965)より作成

市場浸透戦略とは現在の市場で既存の製品でシェアを伸ばそうとする戦略である。販売促進の強化や低価格販売などが該当する。市場開発戦略とは既存の製品で新しい市場に進出する戦略である。地理的な市場の拡大や既存製品の新たな用途発見などがあげられる。製品開発戦略とは現在の市場に新製品を開発し投入する戦略である。買い替え需要を狙った製品の開発・販売などが該当する。多角化戦略とは新しい市場に新製品を開発し投入する戦略で,企業がどの程度の利益を生み出すかはシナジー(製品—市場分野間の相乗効果)に依存する。アンソフはシナジーの種類として,販売シナジー(流通経路の共有やブランドなどから生じる相乗効果),操業シナジー(生産技術の転用や原材料の一括購入など

から生じる相乗効果），投資シナジー（生産設備や研究開発成果の共有などから生じる相乗効果），マネジメント・シナジー（経営ノウハウから生じる相乗効果）をあげている。

2-4 資源配分：製品ポートフォリオ・マネジメント（PPM）

製品ポートフォリオ・マネジメント（PPM：Product Portfolio Management）とは，多角化した事業間で経営資源（特に資金）を効率的に配分するために，ボストン・コンサルティング・グループ（BCG）が開発した手法である。PPMは市場成長率と相対市場シェア（最大ライバルの市場シェアに対する自社の市場シェアの比率）の2次元で各製品・事業のポジションを明確にすることで，限られた資源を有効活用するための基準を提供する。また，PPMはキャッシュフローに影響を与える要因として製品ライフサイクルと経験曲線を前提にしている。製品ライフサイクルの導入期では，研究開発やマーケティングに多額の投資を必要とする。また経験曲線とは累積生産量が倍増するたびに一定の割合で平均コストが逓減するという経験則である。相対市場シェアを高めてライバルの累積生産量を上回ることができればコスト優位が生まれ，キャッシュフローを生み出すことができる。図6-1が示すように，キャッシュフローの状態に応じてそれぞれ名前が付けられている。

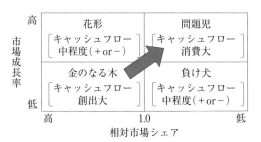

⇨：キャッシュの流れ
（出所）Henderson（1979）より作成

図6-1　製品ポートフォリオ・マトリックス

「問題児」は成長率が高い市場で市場シェアが低い製品・事業である。製品ライフサイクルの導入期・成長期に該当し，多額の投資を必要とする。今後の成長が見込めるが，現時点では収益を確保できていないため，キャッシュフローは金食い虫の状態である。将来的に「花形」へと育成すべく拡大投資が必要な一方で，成長するか見極めて資金投入しないと決めた製品・事業は撤退する。「花形」は市場成長率が高く，業界リーダーの地位にある製品・事業である。成長率が高いために多額の投資を必要とするが，収益性も高いのが特徴である。そのため，必ずしもキャッシュの創出源にはならないが，「金のなる木」になるように高い相対市場シェアを維持する必要がある。「金のなる木」は市場成長率が低く，業界リーダーの座にある製品・事業である。製品ライフサイクルの成熟期・衰退期において業界リーダーの地位にあるため，市場シェアの維持に必要な再投資を上回るキャッシュの流入をもたらす。そのため，他の製品・事業の資金源となる。「負け犬」は低成長の市場で市場シェアも低い製品・事業である。ライバルから市場シェアを奪うためには多額の投資を必要とするが，市場の将来性が期待できないため，それが困難な状態である。そのため，「負け犬」は収益があがらない場合，撤退が必要である（網倉・新宅 2011）。

このように PPM は限られたキャッシュの集中と選択的投資によって，キャッシュフローのバランスを取ることを狙いとしている。しかし，PPM には限界がある。たとえば，PPM の分析単位は，必ずしも製品とは限らず，他とシナジー効果をもたずに単独で戦略立案できる戦略事業単位（SBU：Strategic Business Unit）が望ましいとされる。しかし，そもそもシナジーの範囲を明確に判断することは困難である。また，撤退の際には自社の企業ドメインとの整合性を考慮する必要がある。このように，PPM は分析結果を機械的に適用するのではなく，そこには表れない要因も考慮する必要がある。

3．事業戦略

　事業戦略のポイントは全社戦略で定めた事業領域において「いかに競争優位を確立するか」にある。競争優位とは「その企業の行動が業界や市場で経済価値を創出し，かつ同様の行動を取っている企業がほとんど存在しない場合に，その企業が置かれるポジション」である（Barney 2002）。したがって，競争優位の獲得はライバル企業の行動との関係で決まる。そのため，戦略の策定には外部環境要因と企業内部要因の両方の分析が必要となる。

3-1 外部要因分析：業界構造の分析

　ポーターは，産業構造が企業の行動を規定し，その結果として当該産業の収益性が決まるという前提に立って，産業構造上の障壁によってえられる利益に影響を与える5つの要因（five forces）を示唆する（Porter 1980）。

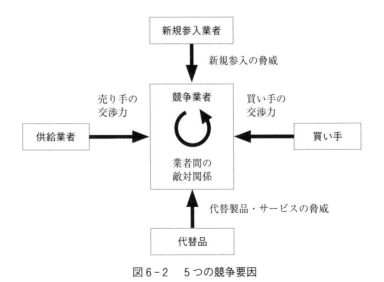

図6-2　5つの競争要因

（出所）　Porter（1980）より作成

5つの競争要因によると、新規参入の脅威はその業界への参入障壁によって決まる。企業が新たに参入すると、同業者間の競争は激化する。同業者間の敵対関係は同等規模のライバル企業が多く、業界の成長が遅く、固定費が高く、生産能力を小刻みに増大できず、撤退障壁が高い業界ほど激化する。他の業界で作られる代替製品が多く、代替製品のコスト／パフォーマンス比（価格当たりの性能）が急速に向上しているほど、業界の収益への圧力は高くなる。買い手の集中度が高く、製品が標準化されていて、買い手の川上統合の可能性がある場合には、買い手の交渉力が高くなり、結果として業界の利益ポテンシャルは低下する。売り手の集中度が高く、売り手にとって自社は重要な顧客ではないが、自社にとっては重要な供給業者である場合には、売り手の交渉力は高くなり、業界の収益性を低下させる。したがって、5つの競争要因が強いほど、その産業の収益性（ひいてはその産業に属する企業の利益率）は悪化する。ポーターは業界の構造分析を行い、もっとも収益性の高い業界に企業を位置づけること（ポジショニング）の重要性を説いた。

5つの競争要因による業界の構造分析は業界内のどこから利益が漏れ出すかを把握する枠組みとして有用であるが、限界もある。ひとつは競争が必ずしも特定の業界の企業だけから成り立っているとは限らないことである。企業は多角化によって産業の境界を越えるため、競合分析の範囲を設定することが難しくなっている。もうひとつは戦略グループ（業界内で似通った戦略を追求している企業群）内の企業の利益率の格差を説明できないことである。

3-2 内部要因分析：バリューチェーン分析

バーニーはRBV（resource-based view of the firm：経営資源に基づく企業観）という考え方に基づいて、競争優位を生じさせる経営資源や能力を特定し、かつそれらが強みか弱みかを判断する方法を示した（Barney 2002）。まず、競争優位の源泉となる経営資源や能力を特定する方法のひとつはバリューチェーン（価値連鎖）分析である（図6-3）。

図6-3　価値連鎖の基本形

(出所)　Porter (1985) より作成

　企業がバリューチェーンのどの活動に特化するかは保有する経営資源や能力に依存する。したがって，垂直的に関連する活動の連鎖を個々の活動に細分化して分析することで，どの活動がコスト優位や差別化という競争優位の源泉になっているかを考察できるようになる。図6-3が示すように，ポーターは価値創出活動を，製品の製造と流通に直接的に関連する主活動と，主活動の完遂のために必要となる支援活動に分類した上で，競争優位の決め手になる特異な個々の活動を見出すことを強調した（Porter 1985）。

3-3　内部要因分析：VRIO フレームワーク

　バリューチェーン分析によって特定された経営資源や能力がどの程度競争優位として貢献するかを分析する枠組みが，バーニーが提唱したVRIOフレームワークである（表6-2）。企業が保有する経営資源や能力について，経済価値（V），希少性（R），模倣困難性（I），組織（O）に関する4つの問いで構成される（Barney 2002）。

第6章　経営戦略論

表6-2　VRIO フレームワーク

価値が あるか	希少か	模倣コスト は大きいか	組織体制は 適切か	競争優位の 意味合い	経済的な パフォーマンス	強みか, 弱みか
No	−	−	No	競争劣位	標準を 下回る	弱み
Yes	No	−	↕	競争均衡	標準	強み
Yes	Yes	No	↕	一時的競争 優位	標準を 上回る	強みであり, 固有の能力
Yes	Yes	Yes	Yes	接続的競争 優位	標準を 上回る	強みであり 持続可能な 固有の能力

(出所)　Barney（2002）より作成

　①経済価値（value）に関する問いは「その企業の保有する経営資源や能力は，その企業が外部環境における脅威や機会に適応することを可能にするか」である。企業が資源を使うことで外部環境の機会を捉えることができ，脅威を無力化できる場合は強みとなるが，それらを困難にする場合は弱みとなる。②希少性（rarity）に関する問いは「その経営資源を現在コントロールしているのは，ごく少数の競合企業だろうか」である。経済価値はあっても希少でない資源は業界における競争均衡の源泉となり，競争優位にならずとも企業の生存確率を増大させる。③模倣困難性（inimitability）に関する問いは「その経営資源を保有していない企業は，その経営資源を獲得あるいは開発する際にコスト上の不利に直面するだろうか」である。模倣の方法には直接的複製と代替による模倣があり，いずれの場合も模倣コストが当初のコストよりも大きいと，競争優位は持続可能となる。④組織（organization）に関する問いは「企業が保有する，価値があり希少で模倣コストの大きい経営資源を活用するために，組織的な方針や手続きが整っているだろうか」である。価値ある希少で模倣コストの大きい経営資源の活用に適合した組織を構成する要素（公式の命令・方向系統，マネジメント・コントロール・システム，報酬体系など）が必要となる。

　これら4つの要因の質問に対する経営資源や能力の回答がすべて Yes の場

合，それらは強みとして持続的な競争優位の源泉となり，業界標準を上回る経済的パフォーマンスを発揮することが期待できる。他方，経営資源や能力に価値がなければ，その資源に基づく競争は劣位となり，経済的パフォーマンスは業界標準を下回る。

VRIO フレームワークにも限界がある。そのひとつはシュンペーター的変革（Schumpeterian revolutions：機会と脅威が予測不能なかたちで変化すること）によって従来の強みが弱みに，また従来の弱みが強みに置き換えられる可能性があることである。こうした現象は需要の予期せぬ変化，技術の急激な進歩などによって引き起こされる（Barney 2002）。

3-4 SWOT 分析：外部要因と内部要因の適合

SWOT 分析は自社を取り巻く外部環境の機会（Opportunities）・脅威（Threats）と，自社が保有する経営資源や能力の強み（Strengths）・弱み（Weaknesses）を整理するツールである。企業にとっての機会とは自社の経済的パフォーマンスを向上させるチャンスである一方，脅威とは逆に経済的パフォーマンスを減殺するすべての要因をさす。企業の強みとは経済価値を生み出す資源である一方，弱みとは競争劣位となる資源である（Barney 2002）。

図6-4　TOWS マトリックス

（出所）　Weihrich（1982）より作成

SWOT分析によって構造化された4つの要素をかけ合わせて戦略オプションを抽出するのがTOWSマトリックスである。図6-4が示すように，強みと機会をかけ合わせて積極的攻勢（強みを機会に投入して優位性の獲得），強みと脅威をかけ合わせて差別化（脅威でない領域で強みを活用），弱みと機会をかけ合わせて弱点強化（機会損失を起こさないよう弱点の強化），弱みと脅威をかけ合わせて防衛または撤退の戦略オプションをそれぞれ導出できる（Weihrich 1982）。

4．戦略の策定

　企業を取り巻く環境変化が激しくなるなか，持続的な競争優位を築くことは困難になっている。優れたオペレーション効率を強みとしていた日本企業も例外ではない。日本企業に特徴的とされるRBVに基づく競争優位の獲得は，業界における競争のルールが安定的な場合に有効である。しかし，シュンペーター的変革が生じると，競争優位の源泉が模倣されるのではなく置き換えられる。そのため，戦略の策定には外部環境要因と内部環境要因の両方の分析が必要となる。

　また，予測不能な環境変化のなかで競争優位を獲得するには，事業戦略の見直しだけに留まらず，企業ドメインを再定義する必要性を生じさせる。ドメインの変化は企業内の資源配分のパターンを変え，事業戦略に影響を与えるからである。したがって，戦略の策定には全社戦略と事業戦略の双方が必要となる。

参考文献

網倉久永・新宅純二郎（2011）『経営戦略入門』日本経済新聞出版社
Ansoff, H. I.（1965）*Corporate Strategy*, McGraw-Hill.（広田寿亮訳，1969『企業戦略論』産業能率大学出版部）
青島矢一・加藤俊彦（2012）『競争戦略論（第2版）』東洋経済新報社
淺羽茂（2002）『日本企業の競争原理』東洋経済新報社
Barney, J. B.（2002）*Gaining and Sustaining Competitive Advantage, 2nd Edition*, Pearson Education.（岡田正大訳，2003『企業戦略―競争優位の構築と持続（上）

基本編』ダイヤモンド社）

Chandler, A. D. Jr. (1962) *Strategy and Structure: Chapters in the History of the American Industrial Enterprise*, MIT Press.（有賀裕子訳，2004『組織は戦略に従う』ダイヤモンド社）

Henderson, B. D. (1979) *Henderson on Corporate Strategy*, Harpercollins College.（土岐坤訳，1981『経営戦略の核心』ダイヤモンド社）

Hofer, C. W. and D. Schendel (1978) *Strategy Formulation: Analytical Concepts*, West Group.（奥村昭博・榊原清則・野中郁次郎共訳，1981『戦略策定―その理論と手法』千倉書房）

石井淳蔵・奥村昭博・加護野忠男・野中郁次郎（1996）『経営戦略論（新版）』有斐閣

Porter, M. E. (1980) *Competitive Strategy*, Free Press.（土岐坤・中辻萬治・服部照夫訳，1995『新訂 競争の戦略』ダイヤモンド社）

Porter, M. E. (1985) *Competitive Advantage*, Free Press.（土岐坤・中辻萬治・小野寺武夫訳，1985『競争優位の戦略―いかに高業績を持続させるか』ダイヤモンド社）

榊原清則（1992）『企業ドメインの戦略論―構想の大きな会社とは』中公新書

Weihrich, H. (1982) "The TOWS Matrix: A Tool for Situational Analysis," *Long Range Planning*, 15：2, pp. 54-66.

第7章
イノベーション・マネジメント

　This chapter attempts to explain the following: (1) what is innovation, (2) how innovation emerges, and (3) how the development and evolution of innovation influences the competitiveness of firms or industrial development. Thus, this chapter aims to clarify how firms manage innovation with a focus on the trade-off relationship that innovation causes.

　This chapter defines innovation as changes that result in economic value. Hence, this definition suggests that innovation is different from invention, which is creating things that previously did not exist. Incentives that lead to innovation follow two approaches: one is technology-push, and the other is market-pull. The former approach is consistent with a linear model, and the latter is congruous with a chain-linked model in the research and development of firms. Democratizing innovation makes the trade-off relationship between the two approaches clear.

　Industrial development involves changes in the pattern of innovation. For instance, the emergence of a dominant design facilitates the shift from product innovation to process innovation. The dynamics of innovation under changes in competitive structure positively and negatively affect the prosperity of firms. Therefore, firms require responding to such changes by understanding the trade-off relationship that innovation causes.

キーワード
企業家，テクノロジー・プッシュ，マーケット・プル，リニア・モデル，連鎖モデル，イノベーションの民主化，オープン・イノベーション，製品イノベーション，工程イノベーション，ドミナント・デザイン，漸進的イノベーション，急進的イノベーション，破壊的イノベーション

今日，イノベーションは日本や日本企業にとってますます重要となっている。高齢化の進展による労働参加率や貯蓄率の低下が懸念されるなか，イノベーションによる生産性の向上が今後の日本経済の持続的成長を可能にする鍵とされている（後藤 2000）。また，日本企業は高品質と低価格の同時達成をめざしてオペレーション効率の向上に努めてきた。しかし，オペレーション効率のみに基づいた競争は産業内の競争の収斂をもたらし，また各国企業によるベスト・プラクティスの模倣で独自の競争優位が消失し，収益性は悪化している（Porter 2000）。そうしたなか，利益を出せる高い生産性と独自の新製品・新サービスの創造が求められている。

　本章では，まずイノベーションの概念を確認した上で，イノベーションはどのように生まれるのか，そしてイノベーションはどのように発展・進化しながら企業の競争に影響を与えるのかを，先行研究の成果を踏まえて解説する。とりわけ，イノベーションがもたらすトレードオフ（二律背反）の関係と，その要因を理解することを狙いとする。

1. イノベーションとは

　イノベーション（innovation）という概念を最初に体系化したのは，シュンペーター（Schumpeter, J. A.）である。彼は存在する需要が満たされることで需要と供給が均衡するのではなく，生産における変化が新たな需要を創り出すことを強調した。その核となるのが新結合ないしイノベーションである。新結合とは「郵便馬車をいくら連続的に加えても，それによってけっして鉄道をうることはできない」と表現されたように，漸次的で連続的な適応ではなく，非連続的な変化を意味する（Schumpeter 1926）。

　そして，新結合は次の5つの場合を含むとされる。① 新しい製品の創出，② 新しい生産方法の開発，③ 新しい市場の開拓，④ 原材料・半製品の新しい供給源の獲得，⑤ 新しい組織の実現である。このように，シュンペーターが主張したイノベーションとは，経済的成果をもたらす非連続的変化を意味し，

その担い手を企業家（entrepreneur）とした。つまり，存在しなかったものを創り出す発明（invention）とイノベーションを区別し，また日常的な事務管理に埋没している経営管理者（management）と企業家を区別したのである。

以上の議論を踏まえて，本章では，イノベーションを「経済的成果をもたらす革新」と定義する（一橋大学イノベーション研究センター 2001）。新しいものであれば何でもイノベーションではない。発明とは異なる。これを混同すると，技術の最先端を走りながら，それが収益に結びつかないという状況が生じる。次節では，企業の研究開発活動で生まれた発明や発見が実用化され，市場取引を通して社会に普及していくイノベーションの実現過程にはどのような特徴があるのかを考察していく。

2．イノベーションの誕生

イノベーションはどのように生まれるのか。企業においてイノベーションの種は研究開発活動（Research and Development）を通してつくり出される。本節では，イノベーションが誕生するきっかけについて2つの考え方を確認した上で，イノベーションの種を創り出す研究開発活動の変化を説明する。

2-1 テクノロジー・プッシュとマーケット・プル

イノベーションを生み出す誘因について2つのアプローチが存在する。ひとつは供給側に端を発するテクノロジー・プッシュ（technology-push）であり，もうひとつは需要側がきっかけをつくるマーケット・プル（market-pull）という考え方である。テクノロジー・プッシュとは，科学的発見や技術進歩によって生まれる技術的可能性が新製品・新サービスの開発につながるという考え方である。これに対して，マーケット・プルとは，人口構成や所得水準の変化など市場の量的変化や，消費者の嗜好の変化など市場の質的変化に応えるために新製品・新サービスを開発するという考え方である。すなわち，イノベーションの引き金になるのは新たな技術的可能性か，市場ニーズかという2つの考

方である。

　たとえば，テクノロジー・プッシュ型のイノベーションの事例には，1958年にタウンズが発明したレーザー，1969年3Mのポストイット，1972年にコーエンとボイヤーが発明した遺伝子組み換え技術などがある。また，マーケット・プル型のイノベーションの事例も，1908年にフォードが発売したT型モデル，1930年にカロザースらによって発明された合成ゴム，1947年にベル研究所が発明したトランジスタなど枚挙にいとまがない。実際には，顧客の創造を目的とする企業の研究開発活動は，テクノロジー・プッシュとマーケット・プルの両方を合わせて行われる。たとえ画期的な新技術が発明されても市場のニーズがなければ実用化されず，イノベーションは実現しない。また，いくら市場ニーズが顕在化しても，それを満たす技術の進歩がなければ，イノベーションは実現しない。イノベーションとして成功するには，技術と市場の両方が必要なのである（一橋大学イノベーション研究センター　2001）。

2-2 リニア・モデルと連鎖モデル

　企業における研究開発活動には，既存の産業が依って立っている重要かつ裾野が広い科学知識を生み出す研究（industrial research）と，既存製品・既存製法の改良や新製品・新製法の実用化をめざす開発の2つの活動がある。前者は科学的な発見や発明を生み出す科学研究で，長期的な取り組みが求められるのに対して，後者は新規の売上や利益を企業にもたらすために，科学的な発見や発明を実用化する技術開発で，短期間に市場投入することが求められる（Rosenbloom=Spencer　1996）。

　クライン（Kline, S. J.）は企業の研究開発活動におけるイノベーションのきっかけをリニア・モデル（linear model）と連鎖モデル（chain-linked model）で説明する。リニア・モデルとは，科学的な発見や発明がイノベーションを生み出すという考え方である。図7-1が示すように，研究で生まれた技術はリレー競走のバトンのように開発，生産，マーケティングへと社内の異なるグループに受け渡されていく。

第7章　イノベーション・マネジメント

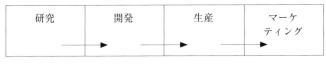

図7-1　リニア・モデル

(出所)　Kline（1990）より作成

　リニア・モデルの特徴は出発点が研究だけで，最新の研究成果のみが開発される単一的な流れのプロセスという点にある。したがって，リニア・モデルはテクノロジー・プッシュと整合的なモデルといえる。

　これに対して，連鎖モデルとは，科学的な発見や発明が経済成果に結びつく過程は，単一的な流れではなく，複雑な相互作用が働くという考え方である。図7-2は，研究や知識が設計，試験，生産，販売，マーケティングを一体化するフィードバック・ループを含む複雑で多岐に渡るプロセスであることを示している。

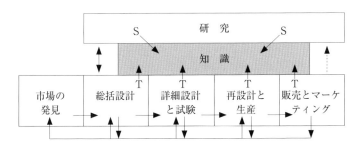

図7-2　連鎖モデル

(出所)　Kline（1990）より作成

　連鎖モデルの特徴は，出発点が研究だけでなく，市場ニーズや技術的問題が科学を刺激するなど，多くのフィードバックを含む複雑なプロセスを含んでい

83

ることにある。科学的発見や発明はイノベーションを実現するための問題解決の方法や理論を提供する。しかし、イノベーションを確実にするわけではない。科学とイノベーションの関係は単線的ではなく、市場から生まれ市場に終わるフィードバックを含む。したがって、連鎖モデルはマーケット・プルと整合的なモデルといえる。

また、イノベーションに必要なアイディアが広く分散し、設計と試験のためのコストが低くなれば、イノベーションを支える全ての資源を少数の作り手（メーカー）に集中するのは非効率になり、多様な受け手（ユーザー）にイノベーションの創出機会は広がる。こうした現象は「イノベーションの民主化」（democratizing innovation）とよばれる（von Hippel 2005）。

2-3 クローズド・イノベーションとオープン・イノベーション

1990年代以降、企業の研究開発活動はリニア・モデルよりも連鎖モデルを重視する傾向にある。その背景には、製品ライフサイクルの短命化に伴って開発リードタイムの短縮圧力が増大したこと、システム的な性格をもつ製品とその付帯サービスの分野が増加し専有可能性（appropriability：発明の対価をどれだけ確保できるか）が複雑で難しくなってきたこと、グローバル競争の激化による事業収益の悪化で証券市場が無形技術資産の評価を下すようになったことなどがあげられる。これらの結果、企業の研究開発活動の重点はリスクを最小にし、顧客ニーズを理解してタイミングよく商品化することで、経済的な成果を求めるようになった。特に、この時期のアメリカでは、科学研究を主導してきた企業における中央研究所の役割が見直された（Rosenbloom=Spencer 1996）。

このような企業の研究開発活動を取り巻く環境の変化は、イノベーションの実現過程に変化をもたらした。クローズド・イノベーション（closed innovation）からオープン・イノベーション（open innovation）への変化である。チェスブロウ（Chesbrough, H. W.）によると、クローズド・イノベーションとは研究開発から商品化までのプロセスを全て企業内部で行うのに対して、オープン・イノベーションとは企業内部と外部のアイディアを有機的に結合させ、

第7章 イノベーション・マネジメント

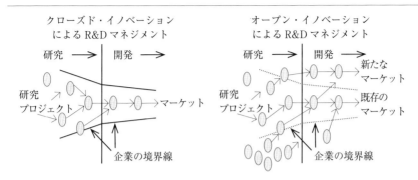

図7-3　研究開発のマネジメント

(出所)　Chesbrough（2003）より作成

商品化の際は企業外チャネルを活用して付加価値を創造することである（Chesbrough 2003）。

　クローズド・イノベーションの特徴は，企業が自社の内部で研究開発から生産，販売に至る一連のプロセスを行う垂直統合モデルにある。これに対して，オープン・イノベーションの特徴は，企業の境界線を越えて内外の知識を結合することで社内の技術革新を加速すること，さらに社内の技術革新の成果を商品化する際に社外チャネルを活用することで市場の拡大を図ることである。すなわち，アウトソーシングなどの単なる外部資源の活用というよりも，価値創造と価値獲得の源泉としてのビジネスモデルを軸に据えているのが特徴である（Chesbroughほか 2006）。ただし，オープン・イノベーションを成功させるには，社外の知識を活用する能力が求められる。そのためには，企業も社内で科学研究を推進し，知識を蓄積する必要がある（Rosenberg 1994）。また，社外に多様なアイディアが絶えず創造され，それらにアクセスできる環境が整っていなくてはならない。

3．イノベーションのパターン

　いったん誕生したイノベーションはどのように発展・進化するのか，また産業や企業の競争構造にどのような影響を与えるのか。本節では，これらの問題について先行研究で示された有用なモデルをいくつか紹介する。

3-1　産業発展とイノベーション：アバナシー＝アッターバック・モデル

　産業発展におけるイノベーションのダイナミックな役割を体系化したのが，アバナシー（Abernathy, W. J.）とアッターバック（Utterback, J. M.）である。図7-4は，産業の発展と競争のサイクルを左右するイノベーションが時間とともに変化することを示している。

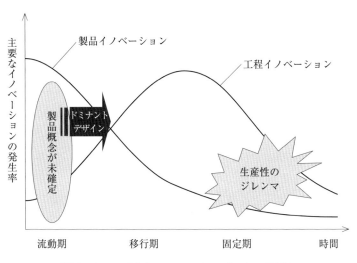

図7-4　アバナシー＝アッターバック・モデル

（出所）　Abernathy（1978）より作成

第7章　イノベーション・マネジメント

　製品ライフサイクルの導入期に該当する流動期では，さまざまな製品概念や操作特性に関する競争が企業間で行われる。この段階では，既存の製品概念を覆す新製品が次々に開発される。このような製品それ自体の革新を製品イノベーション（product innovation）とよぶ。急速に製品イノベーションが進行する流動期の生産工程は汎用機械と熟練労働に依拠している。

　ところが，多種多様な製品のなかから，市場のニーズや法的規制を満たし，当該産業における技術的基準となるドミナント・デザイン（dominant design）が誕生すると，製品概念は明確になり，流動期から移行期に進む。製品ライフサイクルの成長期に該当する移行期では，製品イノベーションは減少し，標準化された製品を改善・改良していく生産工程の革新が活発に行われるようになる。すなわち，工程イノベーション（process innovation）の増加である。この段階では，需要の拡大に応えるために，イノベーションの焦点はユニークな製品による差別化よりも，ドミナント・デザインに基づく標準化製品の生産効率の向上に置かれ，専用設備等への大規模な投資が行われる。

　こうした状態が続き，製品ライフサイクルの成熟期に達すると，生産性と品質における累積的な改善と漸進的な製品変化を特徴とする固定期を迎える。この段階では品質とコストの改善が競争の基盤となり，特定化した製品生産の効率化に高度に適合した生産プロセスの変更は大きなコストを伴うため避けられるようになる（Utterback 1998）。こうなると，生産プロセスの効率化が進む一方で，その硬直化も進展する。このような生産プロセスの効率性と製品デザインの柔軟性の間に生じるトレードオフを「生産性のジレンマ」とよぶ（Abernathy 1978；近能・高井 2010）。

3-2　企業成長とイノベーション：漸進的イノベーションと急進的イノベーション

　新技術で新規参入をめざす企業もあれば，新技術の誕生で業界トップの企業が敗れる場合がある。フォスター（Foster, R. N.）はこの現象を技術進歩のS曲線で説明した（Foster 1986）。図7-5が示すように，技術進歩のS曲線とは

ある製品・製法の開発に投入した資金を横軸に,その投資がもたらす成果を縦軸に設定して,技術進歩の度合いを表したものである。技術進歩は当初は知識の欠如のために遅々として進まないが,知識が蓄積していくにつれて急速に進展する。しかし,技術はいずれ限界に直面し,多額の資金を投入しても,これまでのような成果をえられなくなり,技術進歩のペースは鈍化する。このように,S曲線に沿った技術進歩を漸進的イノベーション(incremental innovation)とよぶ。これに対して,既存技術のS曲線を支える知識とは異なる新しい知識ベースに基づいて開発される画期的な技術革新を急進的イノベーション(radical innovation)とよぶ。

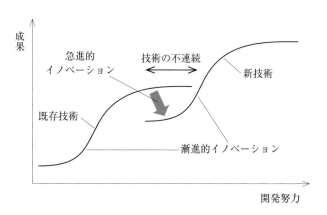

図7-5　漸進的イノベーションと急進的イノベーションの影響

(出所)　Foster(1986)より作成

ひとつの技術が他の技術に取って代わる「技術の不連続」を克服するには,自社の技術がS曲線のどこにあるかを知ることが必要である。しかし,既存技術の開発に努めてきた企業ほど,技術の断絶に対応することを困難にさせる。その理由のひとつが埋没費用である。埋没費用とは事業の撤退や縮小によって回収できなくなる費用のことである。急進的イノベーションは既存技術との連続性がないため,埋没費用が発生しやすいのである。

3-3 企業成長とイノベーション：持続的技術と破壊的技術

　イノベーションは常に企業の競争力の源泉になるとは限らない。破壊的イノベーション（disruptive innovation）が起きると，業界を支配する大企業がその優れた戦略ゆえに対応できず，市場から退出を余儀なくされる場合がある（Christensen 1997）。

　クリステンセン（Christensen, C. M.）は主流市場の価値基準において既存製品の性能を上回るか否かで，新技術を2つに分類した。主要市場のメインの顧客が既存製品の性能を上回ると評価した新技術を持続的技術とした。持続的技術は非連続的で画期的な新製品も，また連続的で漸進的な新製品も含む。これに対して，破壊的技術は主要市場の顧客から既存製品の性能を下回ると評価された新技術とした。持続的技術による製品と比べて，破壊的技術を利用した製品はしばしば使い勝手がよくても単純で低価格，利益率も低い場合が多い。しかし，そうした破壊的技術には，主流から外れた少数の新規顧客には評価されるという特徴がある。

　図7-6が示すように，破壊的イノベーションが生じた時点では破壊的技

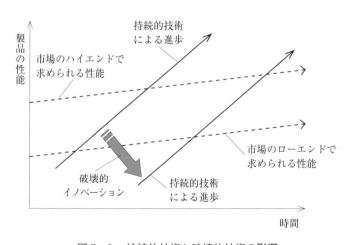

図7-6　持続的技術と破壊的技術の影響

（出所）　Christensen（1997）より作成

の性能は主流市場で求められる性能を下回るが，その後の持続的技術による進歩によって，将来的に主流市場で性能競争を展開する力をもつ可能性がある。そうなると，破壊的イノベーションによって誕生した新製品の持続的技術の進歩に努めた新興企業が，既存大企業に取って代わることになる。

　既存製品で実績のある大企業にとって，利益率が低く，市場規模も小さい破壊的技術にコストを削減して対応するよりも，顧客が求める収益性の高い既存製品の性能向上に努め，持続的技術の開発に投資する方が合理的な選択となる。企業が競争する環境，すなわち既存のバリュー・ネットワークでは，企業は当該ネットワークの需要に合わせて能力，組織構造，文化を形成するため，バリュー・ネットワーク内のニーズを評価できても，破壊的イノベーションによって当該ネットワークの外で誕生した新技術の価値や用途は評価できない。このように，顧客の意見に注意深く耳を傾け，新技術（持続的技術）に積極的に投資する優良企業ほど落とし穴に落ちることを，クリステンセンは「イノベーターのジレンマ」とよんだ（Christensen 1997）。

4．イノベーション・マネジメント

　本章は，イノベーションの概念だけでなく，イノベーションがもたらすトレードオフの関係と，その要因を理解することを狙いとした。そのため，イノベーションに関する議論を網羅的に紹介するよりも，先行研究で示されたイノベーションが内包するトレードオフに焦点を当てた。なぜなら，イノベーションをマネジメントすることとは，イノベーションを単なる偶然としてではなく，企業の競争優位を確立するための戦略として，トレードオフの関係を生み出す要因を理解し，選択することにあるからである。

参考文献

Abernathy, W. J.（1978）*The Productivity Dilemma: Roadblock to Innovation in Automobile Industry*, John Hopkins University Press.

Chesbrough, H. W.（2003）*Open Innovation: The New Imperative for Creating and Profiting from Technology*, Harvard Business School Press.（大前恵一朗訳，

第7章 イノベーション・マネジメント

2004『OPEN INNOVATION―ハーバード流イノベーション戦略のすべて』産業能率大学出版部)

Chesbrough, H. W., Vanhaverbeke, W. and J. West (2006) *Open Innovation: Researching a New Paradigm*, Oxford University Press.(PRTM監訳,長尾高弘訳,2008『オープンイノベーション―組織を越えたネットワークが成長を加速する』英治出版)

Christensen, C. M. (1997) *The Innovator's Dilemma: When New Technologies Cause Great Firms to Fail*, Harvard Business School Press.(玉田俊平太監修,伊豆原弓訳,2000『イノベーションのジレンマ―技術革新が巨大企業を滅ぼすとき』翔泳社)

Foster, R. N. (1986) *Innovation: The Attacker's Advantage*, McKinsey.(大前研一訳,1987『イノベーション―限界突破の経営戦略』TBSブリタニカ)

後藤晃(2000)『イノベーションと日本経済』岩波新書

一橋大学イノベーション研究センター編(2001)『イノベーション・マネジメント入門』日本経済新聞社

Kline, S. J. (1990) *Innovation Systems in Japan and the United States: Cultural Bases; Implications for Competitiveness*, Stanford University Press.(鴫原文七訳,1992『イノベーション・スタイル:日米の社会技術システム変革の相違』アグネ承風社)

近能善範・高井文子(2010)『コア・テキスト イノベーション・マネジメント』新世社

Porter, M. E. and H. Takeuchi (2000) *Can Japan Compete?*, Basic Books.(榊原磨理子協力,2000『日本の競争戦略』ダイヤモンド社)

Rosenberg, N. (1994) *Exploring the Black Box: Technology, Economics, and History*, Cambridge University Press.

Rosenbloom, R. S. and W. J. Spencer, ed. (1996) *Engines of Innovation*, Harvard Business School Press.(西村吉雄訳,1998『中央研究所の時代の終焉―研究開発の未来』日経BP社)

Schumpeter, J. A. (1926) *Theorie Der Wirtschaftlichen Entwicklung.*(塩野谷祐一・中山伊知郎・東畑精一訳,1977『経済発展の理論(上)・(下)』岩波文庫)

Utterback, J. M. (1994) *Mastering the Dynamics of Innovation*, Harvard Business School Press.(大津正和・小川進監訳,1998『イノベーション・ダイナミクス―事例から学ぶ技術戦略』有斐閣)

von Hippel, E. (2005) *Democratizing Innovation*, MIT Press.(サイコム・インターナショナル監訳,2005『民主化するイノベーションの時代―メーカー主導からの脱皮』ファーストプレス)

第8章
現地に即した組織の構築

This chapter provides an overview of the organizational structure and discusses construction of the organization adapted to the circumstances of local.

Some research leads them to propose that a new type of organizational structure, with its concomitant distinctive managerial thinking, is required for success in the current global business environment. Companies must acquire the talent. Because it is to place and move and use the right people globally. In addition to the above, for the construction of the organization adapted to the local, it to grow such employee would be a big challenge.The Key is the organization's capability for effective international operations.

キーワード
組織の形態，現地への適応，統合－現地適応，グローバル組織モデル，グローバル人材

本章では，グローバル化する社会において，どのようにして現地に即した組織の構築を行うかを考える。第1に，経営組織の形態として定説となっている「職能別組織」「事業部制組織」を再吟味する。さらに，それらの発展的形態として考えられる「マトリックス組織」などの理解のために，近年の日本企業の組織改革を例にして，新たな組織形態の模索を理論的に解明する。どのような組織形態であろうとも，長短がある。したがって，たとえば企業の国際事業展開の度合いに適した組織が構築される。企業がはじめて海外に進出してからグローバルな組織として存在感をもつまでのプロセスには多くの組織改革がなされているのである。

　さらに，組織の構築に際しては，戦略，人事などのいくつかの経営課題が密接に関連することを前提に，環境の変化に柔軟に対応でき，かつ効果的な組織のあり方を考える。そして，組織として高度に発展した段階にある多国籍企業[1]の組織について学ぶ。ここでは，ヒトが働く場としての組織という点に焦点を当て，組織能力，すなわち人の能力を最大限に生かすために組織をどのように活性化するのかなど，現地適応（現地に即した組織の構築）という視点からアプローチしたい。

　経営史の大家チャンドラー（Chandler, A. D. Jr.）Jr.は，アメリカ企業（デュポン，ゼネラルモーターズなど）の歴史的発展過程に関する実態調査を行い，その著『組織は戦略に従う』において，以下のような有名な命題を示している（Chandler 1962）。

- 組織は戦略に従う（構造は企業の成長戦略に従う）。
- 米国企業の戦略と組織の間の関係には，段階的な発展の順序が存在する。

　これら命題をもとに考えると，現地に即した組織の構築は，現地適応の戦略と組織，その発展を検討することが本章の課題であろう。

　以降，これらの命題を念頭に置きながら，組織形態の再吟味からはじめていく。

第8章　現地に即した組織の構築

1. 組織の基本形態

　組織に関する研究は，巨視的な観点と微視的な観点からそれぞれアプローチされてきたといえる。すなわち，組織の構造を対象とするマクロの組織論と，組織の構成単位である個人や集団を対象とするミクロの組織論という2つである。以下では，マクロの組織論として「職能別組織」と「事業部制組織」という基本形態を明らかにすることからはじめたい。

1-1 職能別組織（functionalized organization）

　一般的に，組織は単一の職能（機能）を遂行するシンプルな構造からはじまる。その後，規模が大きくなることによって職能別組織へと進化する。分業によって細分化された作業が部門化されるのである。職能別組織は機能別組織ともよばれるとおり，「生産」「販売」「研究開発」「人事」「財務」などという各機能（部門）別，職能別に構成され，少数事業の経営に向く「集権的」な組織である。そこでは，分業の原理に基づき徹底した効率性が追求されるのである。

　この形態は自動車業，鉄道業，セメント業，石油業，繊維業等に多くみられる。ここであらためて，いくつかの基本原理を確認しておきたい。企業は何をしているのか。原初的には「モノをつくって，モノを売る」活動を行っているわけであるが，その活動を支える仕組みとして組織がある。そこには「分業と調整のメカニズム」がある。組織の目的を効率的に達成するために目的を細分化し，分業が行われ，専門化が進むと，それらを調整する必要性が生じてくる。組織としての成り立ちである。「組織の骨格」が出来上がってくるわけである。

1-2 事業部制組織（divisionalized organization）

　部門化は，職能別だけに限らず，目的別にもなされる。製品やサービス，地理，顧客別などにも分けられる。これは事業部制組織（以下，事業部制とも表記する）の成立につながる。製品別に事業部がつくられていけば，その全体は，

製品別事業部制組織となるわけである。そして，それぞれが目的の達成に向けて必要になる機能をすべて備えており，分権的な構造である。

経営史をひも解けば，デュポンとゼネラルモーターズが1920年代初めに，スタンダード石油（ニュージャージ）が1925年に，シアーズ・ローバックが1929年に事業部制への組織再編成に着手している。この4社が最初に事業部制を生み出した会社とされている。これらは，チャンドラーによる事例研究から明らかなことである。たとえば火薬・爆薬メーカーであったデュポンは，第1次世界大戦後，火薬・爆薬の需要の減少を予想し，化学製品の多角化をめざした。工場が複数の地域にまたがり，また流通経路も複雑になるにつれて，職能別組織では対応しきれなくなった。そして，事業部制組織を導入するに到ったのである。「事業の規模」および「範囲の拡大」は，企業に事業部制組織への移行を促すことになるのである。

この形態が多くみられるのは，家電業，化学業，貿易業，大規模小売店業，保険業等である。また，グローバルな事業部制は製品別事業部制や地域別事業部制として多数存在する。一般に，「組織」と聞いて思い当たり，組織図として示されるのは以上の2つであろう。

2．組織の発展的形態

以上の「職能別組織」「事業部制組織」に加え，主要な組織形態として取り上げられるのが「マトリックス組織」である。さらに，事業部制組織を発展させた形態に「カンパニー制組織」がある。それぞれに長所と短所があることも確認していきたい。

2-1 マトリックス組織（matrix organization）

マトリックス（あるいはマトリクスと表記される）という言葉によって非常に多くのものが表現されているが，企業組織の構造を示すマトリックスとは二重（多重）構造のことをいう。しばしば官庁組織が「縦割り」といわれるが，縦

だけではなく横にも調整やコミュニケーションの軸をいれたものがマトリックス組織である。イメージしやすい，より身近な組織を例にあげれば，大学組織にもマトリックス構造をみることができる。たとえば，大学教員は「経営学部（縦軸）」に所属しながらも全学共通の「キャリアセンター（横軸）」にも所属している。学部長からオープンキャンパスでの模擬授業を行うように依頼を受ける一方，センター長からの依頼で学生の就職面接指導の支援を行う，といった具合である。

そもそもマトリックス組織が考案された目的は，事業部制の欠点を補うことであった。事業部制では「事業軸」は強くなるものの，相対的に「機能軸」が弱くなってしまう。したがって，共通に利用可能な資源があるにもかかわらず，重複的に投資が行われて非効率になる可能性がある。そこで職能別組織と事業部制のそれぞれの長所を同時に取り入れ，全社的な効率と事業の独立性を同時に追求しようとしたのである。しかしながら，二軸による「上司―部下」の関係性，いわゆる「ツーボス体制」によって命令系統が２つになるため，権限関係やコミュニケーションラインが複雑になるという欠点も同時に存在する。したがって，防衛産業，航空機産業，重工業，建設業，精密機械業等にみられるものの，失敗事例も少なくない。かつて，三菱重工業などでも同様の構造が採用されてきたことは有名である。

2-2 カンパニー制組織（company system）

1930年代，工場を主体にして，製品ごとにプロフィット・センターとして事業部を編成するという，分権化した事業部制をあみ出していたのが松下電器産業（現社名：パナソニック）である。1984年の松下電器本部制（テレビ，ビデオ，音響，電化）は実質最初のカンパニー制組織（以下，カンパニー制とも表記する）であったといわれている。

このカンパニー制は，1994年にソニーが組織変更を行った際に命名されたものである。この組織変更では，全社組織が主要製品ごとに８つのカンパニーに分けられ，それぞれにプレジデント（各カンパニーのトップ）を配すことにより，

各カンパニーの独立採算制を強化しようとするものであった。

その後，1996年，1999年とソニーのカンパニー制の改革は続いた。ソニーの組織再編の動向後，三菱化学，旭化学をはじめ，三菱商事，住友商事，それに日立製作所等が，擬似的ながらもカンパニー制を導入してきたことによって名称は定着した。

ソニーがカンパニー制への組織変更を行って20年近くが経過した2013年，ローソンが既存の「CVSグループ」「海外事業グループ」「エンタテイメント・ホームコンビニエンスグループ」の３つをそれぞれ「CVSカンパニー」「オーバーシーズカンパニー」「エンタテイメント・ホームコンビニエンスカンパニー」という新たな社内カンパニーに移行している。ソニーは2005年にカンパニー制を廃止し，事業本部を中心とした組織に再編したものの，現在もカンパニー制そのものはひとつの組織形態として定着しているといえよう。

3．現地に即した組織の構築

3-1 「統合－現地適応」の両立に向けて

前節まで，組織の基本形態とその発展形態をみてきたが，今日のグローバル市場を念頭に置く企業に特有の問題を考えていくと，場合によっては，さらに複雑な組織をとる可能性もありえるだろう。もちろん，これらも基本形態から出発しているわけであるが，新たな形態にはそれぞれのねらいがあるはずである。つまり，基本的な形態にはそれぞれ長所と短所があることが確認できたように，それらの問題に対して，大小さまざまな工夫を凝らすことが必要となる。

基本的な問題としてあげられるのは，「分化と統合」の問題である。言い換えれば，組織は「分権化」と「集権化」のあいだを揺れ動いてきたのである。

事業部制の興隆から現在の各種の分権型組織に至るまで，厳然として存在する問題は，事業部制研究の初期段階から指摘されている。すなわち，事業部制は，会社を分割すると同時に，分割されたものの総合的統一をどのようにしてはかるかという根本的な問題である。

第8章 現地に即した組織の構築

たとえば，1980年代にキヤノンにおいて事業部制が導入されたときには，多角化と事業部制が非常に上手く機能し，新製品開発や事業拡大の大きな原動力になった。しかし，その後になって，事業部が独立企業のような形態になり，ある事業部はマレーシアに進出し，別の事業部は中国に進出する。中国国内でも事業部ごとに進出する場所が違う，というように全社的視点で徹底的に議論されることがほとんどなかった。

この分化と統合という点では，多国籍企業の組織においては，現地に根付き，グローバルに統合することが可能な組織，あるいは現地の特殊性とグローバルな普遍性に対応した組織はどのようなものか明らかにしていかなければならないだろう。すなわち，現地に即した組織とはどのようなものか，そしてどのように構築していくかである。「統合－現地適応」の問題ということもできよう。

一般に，いかなる組織形態を選択ないし設計するかは，組織のおかれた状況や環境，経営戦略によって異なる。以下では，グローバル化，とくに現地適応という戦略を前提としたとき，どのような組織形態が選択されるのかを考える。はじめに，多国籍企業組織論として定説となっている組織形態についてみていきたい。

3-2 多国籍企業組織論

今日のようにグローバル化が当然となる以前から，国境を越えた経営活動を行う企業は存在し，その組織研究も行われていた。それは，多国籍企業組織論とされる分野である。さきに取り上げたチャンドラーの研究以降では，ストップフォードとウェルズ (Stopford=Wells 1972) の発展段階モデルが有名である。それは，国際事業展開の度合いに応じて新たな組織形態の構築が行われるというものである（図8-1）。横軸に総売上高に占める海外販売の割合が高まり，縦軸に海外販売の割合が高まるとき，企業は国際事業部から地域事業部へ移行する。相対的に海外向け製品の多角化が高まるとき，国際事業部から世界的製品事業部へ移行する。さらに総売上高に占める海外販売の割合および海外向け製品の多角化が高まるとき，多国籍企業は「グローバル・マトリックス」の段

階へ達するのである（図8-2）。

　グローバル・マトリックスの事例として頻繁に取り上げられてきたのはABB（アセア・ブラウン・ボベリ）社である。日本企業では，ホンダが1994年より「地域本部」と「事業本部」から成るマトリックス運営体制を採用してい

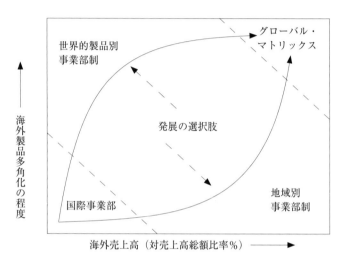

図8-1　ストップフォードとウェルズの発展段階モデル

（出所）　Stopford, J. and L. Wells（1972＝1976）

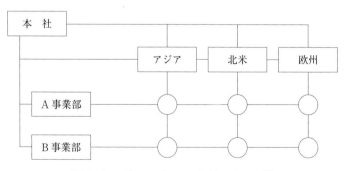

図8-2　グローバル・マトリックスの例

（出所）　筆者作成

る。世界の事業を「日本」「北米地域」「南米」「欧州地域」「アジア・大洋州」「中国」の6つの地域に分け，商品戦略，生産・販売計画，投資計画などの事業戦略立案について，各地域本部への大幅な権限委譲を行う一方，「四輪事業」「二輪事業」「汎用事業」「部品事業」といった各事業本部が，製品を軸とした世界最適経営のための企画・調整を横断的に行っているのである。

3-3 マトリックス以後のグローバル組織モデル

グローバル・マトリックスは，発展の到達段階とされるもののマトリックス組織がもつ問題は多く，新たなモデルが示されてきた。バートレットとゴシャール（Bartlett=Ghoshal 1989）は，トランスナショナル（Transnational）という企業の進化モデルを提唱した。これは多国籍企業をグローバル統合へ向かう力と国別対応へ向かう力の2軸から類型化したものである。すなわち，グローバルな規模の経済を追求する「グローバル」組織，現地環境への適応を志向する「マルチナショナル」組織，これら2つの中間である「インターナショナル」組織である。　そして最終的な理想型として，本社と海外子会社で双方向グローバル調整を行うのが「トランスナショナル」組織であるとした。それぞれの組織モデルの特徴は表8-1のとおりである。

当時，彼らが取り上げた日本企業「花王」「松下電器産業（現社名：パナソニック）」「NEC」の3社は「グローバル」とされている。また，本章の現地適応という視点では「マルチナショナル」が興味深い。それぞれを比較してみると以下の通りである。

「グローバル」では，重要な戦略的決定は，本国親会社で下される。また，重要な経営資源の大部分が本国親会社にある。本国親会社には日常の経営活動に関して，海外子会社に強いコントロールを行使する。さらに，中心は本国親会社であり，海外子会社は周辺であるという考え方が，本国親会社の経営幹部にみられる。海外子会社は本国親会社の製品や経営資源を各国に流すためのパイプラインとしてみられる傾向にあるのである。

一方，「マルチナショナル」は，経営資源や能力は分散され，国ごとの自給

表8-1 マルチナショナル企業，グローバル企業，インターナショナル企業，トランスナショナル企業の組織の特徴

組織の特徴	マルチナショナル企業	グローバル企業	インターナショナル企業	トランスナショナル企業
権力と組織力の構成	分散型 海外子会社は自立している	中央集権型 グローバル規模	能力の中枢部は中央に集中させ他は分散させる	分散，相互依存，専門化
海外事業が果たす役割	現地の好機を感じ取って利用する	親会社の戦略を実行する	親会社の能力を適応させ活用する	海外の組織単位ごとに役割を分けて世界的経営を統合する
知識の開発と普及	各組織単位内で知識を開発して保有する	中央で知識を開発して保有する	中央で知識を開発し海外の組織単位に移転する	共同で知識を開発し，世界中で分かち合う

（出所） Bartlett, C. A. and S. Ghoshal（1989＝1990）

体制とされる。海外子会社は現地での機会を感知し活用するのである。現地に適応する自律性の高い組織である。こうした統合と現地適応の両者を兼ね備えた最終形と考えられる「トランスナショナル」は，あくまでも理想型であり唯一絶対の組織と断言できるものではない。現実の動向に目を向けることが今後の企業組織を理解する鍵である。

4．組織の要としてのグローバル人材

多くの多国籍企業は発展段階を通じ，いかにして現地に即した組織を構築するかなど，組織設計に関する多大な努力をはらっている。

冒頭において「組織の骨格」と表現した。組織形態いかんでその経営成果にも差が出てくるのであり，組み立て方次第，というわけである。企業のグローバル化のためにどのような組織形態をとるかが大きな鍵のひとつだからである。

しかしながら，現地に即した組織の構築ひとつとっても，唯一絶対の組織があるわけではなく，骨格だけが一人歩きしていても，何の成果も得られないことは明らかである。すなわち，組織の骨格に対して血肉ともいえる「ヒト」と

いう経営資源によって成果が違ってくるからである。

　今日の企業経営において，国外との接点が何らかの形で存在することは明らかである。しかし，それゆえに人材の問題が出てくるとは限らない。たとえば輸出入の段階の場合，国内の商社を介したものであれば人材の管理上の問題はない。直接的な取引を行うようになっても，その担当者が実務上必要となる語学力を有していればよい。しかし，現地市場へのかかわりが進行するにつれて，国際ビジネスに精通した人材が必要不可欠となってくるのである。

　さらに，本社と海外子会社という関係の分析を超え，ネットワーク組織やアライアンス（戦略提携）が前提とされると，本社から海外子会社への派遣駐在員やその逆のケース等も増加し，グローバルな人的資源管理が必要となろう。その枠組みは，グローバル体制にある組織の要所ごと，すなわち「中央」「地域」「現地」というようなレベル別での調整が重要になる。それぞれが別個の課題を抱えてもいよう。

　どのような組織形態であろうとも，その要となる人材がいて初めて組織が機能する。マクロの視点から組織図を検討し再編したところで，人材不在の状態では現実の企業は動かない。たとえば，日本の海外進出企業に関しては，「日本的経営」の海外移転の問題があり研究課題ともされてきた。とりわけ人材に関しては，中央である日本の経営を単純に海外現地に移転するだけで，すべてがうまくいくわけではなかった。ミクロの視点も不可欠である。

　近年「グローバル人材」という言葉を耳にすることが増え，その人材育成の問題も論じられている。グローバル化する企業において求められる人材，言い換えれば，真の国際人とはどのような「人財」であろうか。たとえば，事業部制の例でも取り上げた日本を代表するグローバル企業といえる「キヤノン」においては，異文化を理解し，自らを主張できる誠実な国際人としての自覚をもって行動し，良き市民としてそれぞれの地域社会に貢献する人材である。また，常に「行動力」「専門性」「創造力」「個性」を追求することが「実力主義」だとされている。

　企業は，適材をグローバルに配置・移動・活用するためには優秀な人材を獲

得しなければならない。現地に即した組織の構築のためには，獲得ばかりでなく，このような従業員を育てることが大きな課題であろう。

【注】
1) 本章では，一般に「多国籍企業（活動拠点を複数の国に置き，世界的に活動している）」という印象のない企業・組織も取り上げている。

参考文献

浅川和宏（2003）『グローバル経営入門』日本経済新聞社
塩次喜代明・髙橋伸夫・小林敏男（2009）『経営管理　新版』有斐閣アルマ
山内昌斗（2010）『日英関係経営史―英国企業の現地経営とネットワーク形成』溪水社
吉沢正広（2008）『国際ビジネス論―日本企業のグローバル戦略と外国企業の日本進出』唯学書房
吉沢正広編（2006）『入門グローバルビジネス』学文社
吉原英樹（2011）『国際経営　第3版』有斐閣アルマ
Bartlett, C. A. and S. Ghoshal (1989) *Managing Across Borders: The Transnational Solutions*, Harvard Business School Press.（吉原英樹監訳, 1990『地球市場時代の企業戦略―トランスナショナル・マネジメントの構築』日本経済新聞社）
Bartlett, C. A. and S. Ghoshal (1992) *Transnational Management*, Irwin.（梅津祐良訳, 1998『MBAのグローバル経営』日本能率協会マネジメントセンター）
Chandler, A. D. Jr. (1962) *Strategy and Structure : Chapters in the History of the Industrial Enterprise*, The MIT Press.（有賀裕子訳, 2004『組織は戦略に従う』ダイヤモンド社）
Hill, C. W. L. (2011) *International Business: Competing in the Global Marketplace*, McGraw-Hill.（鈴木泰雄・藤野るり子・山崎恵理子訳, 2014『国際ビジネス3―企業戦略と事業運営』楽工社）
Pugh, D. S. and D. J. Hickson (2000) *Great Writers on Organizations*. 2nd omnibus ed., Ashgate.（北野利信訳, 2003『現代組織学説の偉人たち　組織パラダイムの生成と発展の軌跡』有斐閣）
Stopford, J. and L. Wells (1972) *Managing the Multinational Enterprise*, Basic Books.（山崎清訳, 1976『多国籍企業の組織と所有政策』ダイヤモンド社）

第9章
キャリア教育の展開

　This chapter provides an overview of the development of career education in higher education in Japan. Japanese-Style Human Resource Management has clearly transformed. Developments of career education are affected by the changes in the human resource management in Japan. For Example, the Ministry of Economy, Trade and Industry defined the basic abilities required in working together with various people in the workplace and in the local communities as "Fundamental Competencies for Working Persons" which consist of the following three competencies (12 competency factors) at a committee comprising of intellectuals in the businesses and universities. As a case of career education for such skills training, some of the industry-university cooperation learning program has been discussed. Reading this chapter, you will be able to gain an understanding of development of career education and how to manage yourself.

キーワード
日本的経営の変容，キャリアデザイン，
キャリア教育，求められる人材，産学連携

本章では，日本におけるキャリア教育の展開，とくに高等教育における動向を概観する。その動向の背景には，予測困難な経営環境の変化，日本的経営の変容があることを確認し，そのような状況に対応する人材像はどのようなものかを明らかにする。これが第1の目的である。

　企業は，人的資源の有効活用を通じ，競争力を高めるため，いかにして良い人材を採用・獲得するかがグローバル社会を生き抜くための必須の課題である。そのため，高等教育機関（以降，大学）においても，社会・企業において求められる人材を育成することが社会・企業の要請に応えることであると考えられている。大学の存続・発展にとっても必須の事項として考え，その対応のための諸施策がとられているのである。そして，学生にとっても，経営学などの専門の学びを深めることと同時に，企業社会で求められる人材となるべく，必要とされる諸能力の修得が求められる。具体的には，学生は就職活動のためにさまざまな努力が要求される。そのような企業の採用活動や学生の就職活動自体を大きなビジネスチャンスと考え，さまざまな支援サービスを提供する企業・団体も存在する。

　学生はいかに良い企業に就職するか。そのために，いかにして企業が求める力を身につけるか。このような視点は，社会への第一歩としての初期キャリア形成のために重要である。こうした，企業，学生，大学，の動向・思惑（初期キャリア管理，初期キャリア形成，初期キャリア支援）を，総合的・客観的に見つめてみることは，自らの軸を明確にし，キャリア自己責任の時代を生き抜くための土台となるであろう。

　このような個人のキャリア形成のための土台作りを第2の目的と考え，本章をまとめたい。キャリア教育の動向を経営（学）的視点から検討することは，非営利組織である大学の経営（生き残り戦略）ケース分析として捉えることもできるだろう。

第9章　キャリア教育の展開

1. キャリア支援への注目とその背景

　近年,「キャリア career」という言葉を一般的に耳にするようになった。とくに,日本の企業社会において,「キャリアデザイン」は重要な考え方として取り上げられるようになっている。日本における「キャリア官僚」というようなときのキャリアは,国家公務員の俗称であり,ここでいうキャリアとは異なる。厳密な定義ではないが,一般には「経歴」「経験」という意味で捉えられよう。さらに「過去」「現在」「未来」という時間的持続性・継続性をもつ概念であり「職務の連鎖」と表現できる。「仕事人生」と捉えれば,フルタイムでの職業に就く以前からの個人の生涯にわたるものと考えても良いだろう。本章では「キャリア」を積んだ結果として,「職業能力」が蓄積されていく過程をキャリアデザインとして広く考えていきたい。

　このような,キャリアが脚光を浴び,キャリアをデザイン（設計）することが重要な考え方とされてきた。この背景にはグローバル化する社会における日本的経営の変容がある。「人材」を「人財」として考えてきた「日本的経営」ではあるが,その変容により個人のキャリアの形成に大きな影響が出てきたのである。その影響は,経営資源であるヒトの採用にはじまり退職へと向かう道筋「採用―活用―育成―動機づけ―評価―処遇―退職」という人材フロー,人材の管理プロセスにおいて大きくあらわれているのである。終身雇用制,年功制のゆらぎ,採用方式の多様化もあり順調に退職まで勤めあげるということが一般常識ではなくなってしまったのである。

　新規一括採用において「新規学卒者」として就職しようとする学生の「人生（キャリア）」を丸抱えしようとする企業は少数派となってきたと考えてもよいであろう。もちろん,有能な人材をできるだけ長期に雇用し続けることを避けるわけではない。したがって,人材を引きとどめ続けるためにも「終身雇用」を強調する企業もある。ただし,平均的で取り替えのきく人材を長期的に雇い続ける約束はできない。退職に際し「大過なく過ごすことができました」とい

うような人材ではなく、厳しい環境のなかでも企業に利益をもたらし続けるような「人財」をいかに確保するかという人材確保競争の状況にあることが明瞭になってきたのである。

つまり、これからの経営環境を考えるとき、「雇用ポートフォリオ論」、すなわち、従業員もしくは雇用形態を「長期蓄積能力活用型グループ」、「高度専門能力開発型グループ」、「雇用柔軟型グループ」の3つに分け、それぞれに応じた賃金・教育訓練等の処遇を行うとともに、必要に応じた雇用調整を容易にするなどして、人材活用の面から経営の効率化をめざすという1995年に日経連（当時）『新時代の「日本的経営」』によって打ち出された方向性である。

人材の選別がより明確になっていき、一個人が一企業だけでキャリアを完結する可能性が低くなったということは明らかだろう。もちろん、徹底した成果主義を導入するような場合「キャリア開発支援制度」の充実がなされるであろう。それは、とくに能力開発の機会充実であり「エンプロイヤビリティ開発」という視点である。なおエンプロイヤビリティを端的にいえば「雇用される能力」であり、日経連の方向性に付随する形で定着がはかられるようになった考え方である。

こうした状況から、企業は採用した人材を丸抱えしないこと（退職まで面倒をみないこと）を前提としたキャリア形成支援を行うことが常識的となり、個人は自ら生き抜く力を身につけること、その心構えが重要となり、大学生に対してはキャリア支援（進路支援・就職支援）やキャリア教育が活発化することとなる。

2.「キャリア教育」の展開

以上までの背景から、本節では、キャリア支援の中でも、「キャリア教育」の展開、とくに大学におけるキャリア教育についてまとめたい。キャリア教育の定義には変遷がみられるが、そもそも、若年者の雇用問題に対し政府全体として対策を講ずるため、文部科学省、厚生労働省、経済産業省及び内閣府の関

係4府省では，2003年4月に関係4大臣による「若者自立・挑戦戦略会議」を発足させ，同年6月には，教育・雇用・産業政策の連携強化等による総合的な人材対策として「若者自立・挑戦プラン」が取りまとめられた。このプランが推進されたことが，学校から社会への移行に関する接続問題への対応，近年になって強調されてきた日本におけるキャリア教育の発端であるといえる。

そのような流れのなかで，大学生に対する政策の節目となったのは「就業力育成支援事業」(2010年度)，大学設置基準の一部改正により，各大学では社会的及び職業的自立を図るために必要な能力を培うための体制を整えること，すなわち事実上の「キャリア教育の義務化」(2011年度)がなされることとなった。

とくに大学におけるキャリア教育とは「就業力」，すなわち「学生が卒業後自らの資質を向上させ，社会的及び職業的自立を図るために必要な能力」を培うものであるといえる。なお，ここでいう「就業力」とは，先に述べた「エンプロイヤビリティ」と同義といってよいだろう。「就業力育成支援事業」に採択されたプログラムとは，大学生のキャリアを保証するためのもの，すなわち「就業力」育成プログラムにほかならない。また，その採択可否によらず「キャリア教育の義務化」によりキャリア支援を充実させることとなった。これらによって，各大学における新たな取り組みの拡充，キャリア教育が定着してきたといってよいであろう。

それでは，大学において行われるキャリア支援，とくに「キャリア教育」として包括される具体的な授業科目としてどのようなものが展開されているであろうか。そして，それらは有効に機能しているものであろうか。それらは多くの大学で「キャリア科目」というようなまとまりのなかで，さまざまな学修プログラムとして展開されている。以降では，社会科学系とくに経済・経営系の学部に学ぶ学生を意識した内容について確認したい。

それらの典型としては，「自己理解」「社会理解・職業理解」「啓発的経験」「将来設計」というような構成がなされるものである。すなわち，学生と社会，社会人への接続のためのプログラムにほかならない。

キャリア教育を提供する側としては「キャリアカウンセリング」と「キャリ

アガイダンス」に大別することができる。学生は,「自らを活かすために」「自らを守るために」というような大別して2つの視点から自ら学ぶことが必要であろう。自らを知り自らを活かすために社会理解を深めるのである。

　啓発的経験としては「学生が在学中に自らの専攻,将来のキャリアに関連した就業体験を行うこと」として定義され,各大学でさかんに取り組まれるようになった「インターンシップ (internship)」がある。学生が自己の職業適性や将来設計について考える機会となり,主体的な職業選択や高い職業意識の育成が図られるとともに,大学における学修と社会での経験を結びつけることで,学生の大学における学修の深化や新たな学習意欲の喚起につながる有益な取り組みであるとされる。

　その拡充のために,実施期間や内容などの多様化がみられる。同様の取り組みとして「PBL (Problem/Project based learning)」とよばれる課題解決型学習があるが,それらは「職業統合的学習 (Work Integrated Learning: WIL)」という包括的な概念として展開がみられる。

　前章でもふれられた企業の「グローバル化」に対応する「グローバル人材」育成への期待感も高まり,当然,その基盤となるキャリア教育への期待も高まるという構図が明瞭になってきている。

3．企業社会において求められる人材像

　以上のようなキャリア教育において,その効果がいかなるものか測定するため,あるいは目標値として掲げるものにさまざまな指標としての「力」がある。それらは文部科学省などの国家的政策として明示されているものであり,具体的には「人間力 (内閣府, 2003)」「就職基礎能力 (厚生労働省, 2004)」「社会人基礎力 (経済産業省, 2006)」「学士力 (文部科学省, 2007)」などとされてきた。もちろん,各企業においては「コンピテンシー (高業績者の成果達成の行動特性)」評価に代表されるように,能力に焦点を当てた考え方は浸透している。マクロでは「組織能力」という考え方で企業の競争戦略が論じられることもあ

る。

　企業の能力を突き詰めれば，個人の能力にいきつくことは明らかである。組織論の古典，チェスター・バーナードの組織の定義を思い出すと「意識的に調整された2人またはそれ以上の人々の活動や諸力のシステム」とされており「人間エネルギーの塊」が組織にほかならない[1]。したがって，企業は新たに人材を採用するにあたって重視することのひとつに，その個人の「力」があげられることはことさら疑問の余地はないであろう。その「力」を通して「成果」を生み出すこと，生み出しうる「力」を求める。むしろ「大学名」といった「外的キャリア」ともいえる表面的なブランドに採用指標がおかれることよりも健全であろう。

　先に示した「社会人基礎力」は職場や地域社会などで仕事をしていくうえで重要になる基礎的な能力をさすものである。「前に踏み出す力」，「考え抜く力」，「チームで働く力」の3つ能力を基本に12の要素が示されている。これらについて，富士通では，採用施策として，2009年「エントリーシートの設問に活用」，2010年「面接時の評価項目に導入」，2011年に「求める人材像に明記」され，内定者施策としても，2008年「社会人基礎力をベースとした内定者教育を開始」，2009年「内定から入社後2年間に渡る計3年間の若手社員の育成プログラムへ進化」するなど社内で浸透してきた結果，若手の育成だけではなくて，中堅・リーダー・部課長に関しても，レベルは異なるとはいえ，同様の取り組みの必要性が語られているという。

　業種別にみると，今後はサービス業の比重が大きくなることが予想される。つまり，就職先，生涯キャリアを考える際に，発展する産業などに着目すると，そこに対応して必要とされる能力は何かを知っておくことも重要になる。

　たとえば，サービススタッフに求められる資質・能力としては，「対人能力」「課題遂行力」「接遇マナー」「接遇スキル」「プロ意識」「ホスピタリティ・マインド」があるとされる（池内健治監修 2013）。プロフェッショナルレベルというよりは，現場のサービススタッフに必要な基礎的・汎用的能力が示されているといえよう。

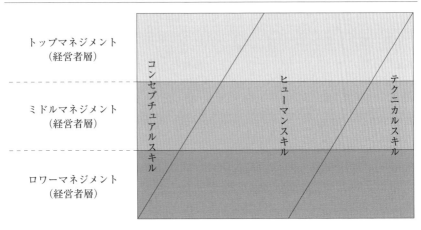

図9-1 「管理者に必要なスキル」

(出所) Katz, R.L. (1955)より作成

　さらに，将来のキャリアアップ，とくに古くからの「出世」という観点でいうと，トップマネジメントに向かってピラミッドを上っていくことがひとつの道筋としてみえてくる。こうした管理者に向けて必要なスキル，力を示した古典的論文（Katz, R.L. 1955）においては，「ヒューマンスキル」「テクニカルスキル」「コンセプチュアルスキル」とされ，より高次のスキル，すなわちトップマネジメントに近づくほど「コンセプチュアルスキル」が高く必要とされる（図9-1）。

4．産学連携のキャリア開発事例

　以上のように，さまざまに分類・列挙されるような，求められる力を身につける，求められる人材像に近づくために，どのように学びを深めればよいのか。より実践に近い活動を行うことが近道であると考える。効果的な取り組み実現のためには，産学連携[2]）体制が重要となる。

　産学連携とはいうものの，「産」にとっては，連携による実際の事業推進で

はなく社会貢献としての側面が強く，CSR として取り組むことができる企業以外は負担が大きいばかりという指摘がある。その点で，社会的課題である教育を事業の柱に据える NPO と大学の連携事例も増加している。先に述べたインターンシップについて，その長期実践型を推進，支援する組織として全国的に有名な NPO 法人 ETIC. や，愛知県名古屋市を本拠地として高等学校のインターンシップ支援などで有名な NPO 法人アスクネットなどがあげられる。地域の活性化や被災地支援など，社会的ニーズのあるフィールドへと向かい，学生は課題に取り組み実践力を高めるようなプログラムも提案されている。その他にも，教育を中核事業としていないものの，NPO 法人寄付型自販機推進機構では大学生とのコラボによりオリジナル寄付型自販機の開発・設置，地域を巻き込んだオリジナル飲料の開発・販売をもくろむなどの事例も散見されるようになってきた。

　全国の各大学のオリジナル商品という点では，その開発自体はさまざまに手がけられてきている。学生がかかわりながら企業等との共同開発商品という点で，たとえば，山崎製パンと大学の共同開発商品である「キャンパスランチパック」のことを見聞きしたことはあるだろう。コンビニエンスストアなどで目にするだけでなく，知らず知らずのうちに食べていたことのある人もいるかもしれない。

　PBL や産学連携のような取り組みが活発化してきている例として，経済産業省「社会人基礎力を育成する授業30選」受賞事例をみてみると，広島経済大学の「興動館教育プログラム」などがあり「コミュニティ FM 放送局運営」「プロスポーツによる地域活性化」などのプロジェクトが推進されている。同様の取り組みを行う大学は多くみられ，大学生の参画によって4年間の学生生活における重要なキャリア開発の機会提供のケースは増加しているといえるだろう。

　また，こうした取り組みを，大学の初年次から行おうとする大規模な試みに，「Future Skills Project（FSP）」[3] があげられる。「社会で活躍できる人材をどのように育成すべきか」をテーマに，2010年7月からスタートした FSP は，

産学協同授業などを主な活動とし，このプログラムの開発当初にはサントリーホールディングス，資生堂，ベネッセコーポレーション等の企業が参画している。たとえば，

　「あなたは人事本部から『人材育成革新プロジェクト』のメンバーとして指名されました。社会人・企業人に求められるものを考察し，新入社員の育成について，具体的な施策を提案しなさい。」

　「あなたは野村証券の社員です。より良い社会を実現するために魅力的と考える投資対象を決め，その根拠も示しなさい。」

などの各企業から提示された課題に応える PBL などのプログラム開発がされている。

こうしたさまざまな取り組みは「アクティブ・ラーニング（能動的学修）」[4]と総称される学習法／教授法であり，筆者もキャンパス内外での実践を試みてきた。たとえば先に述べた NPO 法人寄付型自販機推進機構との連携プロジェクトでは，寄付型自販機にかかわる多数の関連業界の方々との協働により，実際にオリジナル自販機の設置にこぎ着けた。また，「動物園マネジメント」をテーマにする際には，東山動植物園（愛知県名古屋市）の閑散期を打破するための企画・提案プレゼンテーションを実際に行う。『気候や天候に負けない，動物園と植物園の魅力づくり』などの課題を提示してもらい「雨天時や寒い日・暑い日には集客が悪いがどうしたらよいか」などを考える。経営の理論書や，動物園に関するマネジメントの書籍を読むだけでは理解できないことが身につくばかりでなく，実践能力の発揮が求められ，社会人として必要な力を伸ばす良い機会となる。課題を解決するためのプロジェクトは，実際の仕事の現場にも増えているプロジェクト型の働き方を体験することにもなり，そこでえられるものは，実践的な理論である。

以上のような事例であるが，実際に取り組むチャンスの有無にかかわらず，新規事業を模索し起業家をめざす学生ばかりでなく，一学生として，連携する企業や大学の資源（できること，できそうなこと）を考え，企画書にまとめ，ゼミ担当教員に相談する，ゼミ内で発表するなど，自ら主体的・能動的に活動し

てみることも面白いのではないだろうか。ここまで読んでみて，実際に取り組んでみよう，と考えることができれば柔軟性，素直さ，実行力などが備わっているのかもしれない。逆に，机上の空論でしかないと考えるのであれば，頭でっかちの屁理屈屋になっていないか，自分自身と向き合ってみる。キャリア教育における自己理解，企業で求められる力の修得は，今ここから実践することができるはずである。

経営学分野の教育課程編成上の参照基準として，経営学を学んだ学生が身に付ける専門的能力としては，たとえば，継続的事業体を企画し運営することができる，その資金の流れを把握し，その活動結果を貨幣的に測定することができる，顧客のニーズを把握し，求められる商品を開発することができるなどの諸能力があげられる，とされている。「キャリア教育」は専門教育である「経営学」とは親和性があるともいえる。経営の実践面を考えるとき，Katz, R. L. (1955) で示されたスキルのレベルを意識し，キャリアの教育を受ける立場から，キャリアを自ら責任もってデザインする人材になる。そして，マネジメントする立場から，部下のキャリアを支援する。自らの将来設計によって，何気ない日常的な取り組みも大きな意味をもってくるのである。

5．自らをマネジメントする時代

学生は，以上のような実践的取り組みを行い，企業の就職面接に向かう。企業の熟練の採用担当者にかかれば，大学での取り組みなど，取るに足りない活動であり，そこでの自己PRはもろくも崩れさる場合もあろう。愕然とする学生もいるだろう。企業で必要とされる力は，さらに深く広いものであり，学生に対して期待感が高ければ高いほど，面接では厳しい言葉をもらうこともあるはずだからである。それでは，それらは無駄な活動であったのかというと，そうでもない。広い意味で採用を担当する者には，リクルーターといわれるような比較的若年の社員も含まれることもあり，学生時代の取り組みに大いに共感してもらえることもありえよう。

企業の人材育成の柱は「OJT（On the Job Training）」「OFFJT（Off the Job Training）」「自己啓発」と言われる。実際には，採用後の新入社員教育から始まる企業における人材育成の枠組みのなかで，自らの力を高め続ける必要性を感じるまでに時間はかからないはずである。

　以上のような諸能力は，企業に就職後も継続的に育成し続けてもらうことを期待するよりも，自ら継続的に高め，継続的に雇用され続ける力を維持・発展させていく必要がある。それでは，これからのキャリア，先行き不透明な時代のキャリアデザインをどのように考えたらよいのであろうか。

　最後に，数々のベストセラーによって一般にも有名な経営学者ピーター・ドラッカーの古典に耳を傾けたい。

　　「人事において重要なことは，弱みを最小限に抑えることではなく強みを最大限に発揮させることである。」

　ドラッカーは後年にも「自らをマネジメントする（Managing Oneself）」ことを強調している。個人の力で，環境変化に抗うことは出来ないが，自らを活かす道を探すことは出来る。

　　「知識労働者というものは，自らが自らに課す要求に応じて成長する。自らが成果や業績とみなすものに従って成長する。自らに少ししか求めなければ成長しない。多くを求めるならば何も達成しない者と同じ努力で巨人に成長する。」

　以上のドラッカーの所論は，名著『経営者の条件』からの引用である。組織の全員がエグゼクティブのように働くべきことを説く，万人のための帝王学といわれている。大きな環境変化に対応しキャリア教育は展開してきたことは，本章で述べてきた。誰もがエグゼクティブとして，自らが知識労働者であるとしての自覚をもち，自らをマネジメントする時代となったとの認識を深めるべきであろう。

【注】
1）　これは公式組織の定義であるが，バーナードは，その成立のための条件とし

て組織の3要素「共通目的（組織目的）」「協働意志（貢献意欲）」「コミュニケーション」を示した。
2）本章では，産学連携を，大学のキャンパス内で完結する学び（主として教室内での講義）を超えるために，大学が大学以外の組織等（民間企業だけでなく，商店街，NPO，地域住民などに加え，産学官や産官学ともいうように，政府・地方公共団体などの「官」も含む）との連携事業を行うことをさしている。
3）2014年4月から，FSP研究会は「一般社団法人 Future Skills Project 研究会」として活動を拡大している。
4）アクティブ・ラーニングとは「教員による一方向的な講義形式の教育とは異なり，学修者の能動的な学修への参加を取り入れた教授・学習法の総称。学修者が能動的に学修することによって，認知的，倫理的，社会的能力，教養，知識，経験を含めた汎用的能力の育成を図る。発見学習，問題解決学習，体験学習，調査学習等が含まれるが，教室内でのグループ・ディスカッション，ディベート，グループ・ワーク等も有効なアクティブ・ラーニングの方法」である。

参考文献

池内秀己・斉藤毅憲・籏本智之・吉田優治監修，全国ビジネス系大学教育会議編（2014）『グローバル人材を育てます』学文社

池内健治監修，全国大学実務教育協会編，鈴木浩子・高橋修・坪井明彦・手嶋慎介（2013）『サービス実務入門』日経BP社

古閑博美編（2011）『インターンシップ―キャリア教育としての就業体験』学文社

児玉敏一・佐々木利廣・東俊之・山口良雄（2013）『動物園マネジメント―動物園から見えてくる経営学』学文社

吉沢正広編（2006）『入門グローバルビジネス』学文社

Barnard, C. I. (1938) The Functions of the Executive. Cambridge, Mass, : Harvard University Press.（山本安次郎・田杉競・飯野春樹訳，1968『新訳　経営者の役割』ダイヤモンド社）

Drucker, P.F. (1967) *The Effective Executive*, Harper Collins Publishers.（上田惇生訳，2006『経営者の条件』ダイヤモンド社）

Drucker, P.F. (1990) *Managing the Nonprofit Organization*, Harper Collins Publishers.（上田惇生訳，2007『非営利組織の経営』ダイヤモンド社）

Katz, R.L. (1955) Skills of an effective administrator, *Harvard Business Review*, 33(1), pp.33-42.

各企業・団体のホームページ、公表資料

各省庁のホームページ（首相官邸　政策情報ポータル），公表資料
　http://www.kantei.go.jp/jp/joho/organization/

第10章
日本企業の海外進出と経営の現地化

　This chapter explains the process in which the Japanese companies have expanded the business overseas, and the necessity for localization of their subsidiary management. It firstly summarizes the current situation of overseas business expansion of the Japanese companies by region and industry. Then, it deals with the managerial issues occurring to multinational enterprise, which is localization. As a case study, Toyota Motor Corporation and its expansion into the North American region is focused on and its efforts and achievements in localization are described, which can be suggested as implication for other Japanese multinational enterprise.

キーワード
日本企業，海外進出，経営の現地化，経営資源，トヨタ

近年，単独出資での新規拠点設立や外国企業との合弁事業，さらには海外企業に対するM&A（合併・買収）といった多様な手段を活用しながら，多くの日本企業が製造・販売・研究開発などの事業活動を積極的に海外に展開している。つまり，海外直接投資を通じた国際的な企業活動の展開，いわゆる企業の多国籍化が活発になっているといえよう。たとえば，海外での生産をみると，2012年度，東京証券取引所と名古屋証券取引所に上場している製造業の69.8%は海外での生産活動に従事している[1]。これらのなかには，売上高や従業員の大半を国内よりも海外で占めている企業や，製造・販売拠点に留まらず主要部門の本社機能を海外に移転させる企業もみられる。そして，こうした国際化の動きに対応して，新入社員などの若手社員を研修目的で海外に派遣したり，新規採用における外国人比率を一定以上に目標を置いたりするなど，国際ビジネスの担い手の育成・確保に向けた取り組みを活発化させる日本企業も急増している。人口減少や高齢化に伴う消費需要や国内市場の縮小といった日本市場の今後の見通しを考えると，企業経営の国際化はますます日本企業の本社レベルで行われる重要な意思決定のひとつになっていくだろう。

　本章では，戦後の日本企業の国際化の大きな流れと，この国際化に伴って企業が直面する課題のひとつである経営の現地化について理解を深めていくことにする。具体的には，まず戦後から現在までの日本企業の国際化の特徴を海外拠点に勤務している現地従業員数の動向をみることによって，地域別・産業別の事業展開の状況を概観する。次に，経営の現地化とは何か，そしてなぜこの現地化が多国籍企業の経営課題となるのか，これらの点について論じていく。最後に，戦後の企業経営において積極的に国際化を進めてきたトヨタ自動車（以下，トヨタ）の事例を取り上げる[2]。同社の2013年時点の地域別での販売台数と生産台数の内訳をみると，前者が約81%，後者は約62%をそれぞれ海外で占めている。トヨタは自社の成長戦略を企画・立案する上で海外市場の獲得とともに，海外における自動車生産を重視して国際的に事業を展開してきた企業だと指摘できよう。そこで，トヨタにとって国内に次いで生産・販売拠点先として設立実績を積み重ねてきた北米地域での事業活動を取り上げ，経営の現地

第10章 日本企業の海外進出と経営の現地化

化という側面から同社の海外生産活動をみていくことにする。

1. 戦後の日本企業の海外進出

　海外直接投資を通じた日本企業の国際的な企業活動は，一般的に1985年9月のプラザ合意後の急激な円高とその円高の定着をきっかけに本格化したと指摘されている。だが，国際化それ自体はその時に始まったわけではない。それは明治期の日本の工業化とともに始まり，第1次世界大戦による経済ブーム期から1920年代を通して活発化した。具体的には，民間企業では商社・海運などの貿易関連企業と紡績企業を中心に国際化の動きがみられた。1930年末の日本企業の海外直接投資残高は，国民総生産比の約13％を占めており，企業の国際化という経営活動は戦前の時期においても盛んに行われていたのである。

　だが，こうした国際化は第2次世界大戦の敗戦により一時的に中断を余儀なくされ，その後は1951年から再開された。下記の表10-1は日本企業の海外進出状況につき，海外で雇用する従業員数をベースに各4時点を調べ，その上位100社の地域別・産業別に分類整理されたものである。この表からは，次の3

表10-1　日本企業の海外従業員数の地域別・産業別分布（上位100社集計値）

投資先	1972年	1985年	1992年	2002年
合計	202,374人	608,001人	1,161,809人	1,994,751人
地域別分布（％）				
アジア（除く中国）	64	50	44	41
中国	—	—	3	17
欧州	2	11	14	15
北米	9	21	27	21
中南米	14	12	8	4
その他	11	6	4	2
産業別分布（％）				
製造業	79	84	83	90
非製造業	21	16	17	10

（出所）藤田・竹内・平野（2010），18，33，47，61頁

121

つの特徴がみられる。

　第1は，1972年に約20万人だった海外従業員数はその後一貫して増加傾向を続け，2002年にはそのおよそ10倍の約199万人に達している点である。戦前から引き続き戦後においても，日本企業の海外進出の動きが活発であった一端が垣間みえる。

　第2は，そのような活発な動きをみせる日本企業の投資先のおよそ半分が，アジア地域（1992年以降の中国を含む）に占められている点である。戦後の日本企業の海外生産は1960年代から東南アジアなどの発展途上諸国を中心に始まった。それは各国政府の輸入代替工業化政策を受けて，これらの地域を輸出市場として重視してきた繊維・電気機械メーカーが，その輸出が実質的に困難になり，現地生産に切り替えていったのである。さらに，1970年代後半以降は国内の人件費高騰や欧米諸国との貿易摩擦の発生などをきっかけに，多くの製造業が生産コスト削減や欧米輸出を目的に，東南アジアへの進出を本格化させていった。そして，1990年代に入ると，東南アジアは日本の製造業にとって工程間および製品間の分業体制を進展させる上で極めて重要な工場の進出先となった。

　また，中国の占める割合は1990年代急増し，2002年には一国だけで17％を占め，10年前に比べて約5倍に増加している。この増加は，1978年に始まった対外開放政策の進展のなか，賃金などの低廉な生産コストや将来の市場としての魅力を理由に，電気機械・輸送機器メーカーを中心とした工場進出が相次いだことを表している。東南アジアを含むこうしたアジア地域は，その豊富な労働力や比較的近い地理的特性，さらには市場の将来性から日本企業の市場および生産拠点として重要な地域に位置づけられてきたといえよう。

　他の地域に目を向けると，1972年では欧州・北米の合計は11％を占めるにすぎなかったが，2002年ではその数値が36％にまで拡大している。これらの地域への進出が急増した理由は，地域別にみると次の点がいえよう。北米地域では主にアメリカ政府による保護主義や輸入規制への対応である。そして，欧州地域ではそうした政治的要因に加えて，現在のEU（欧州連合）に代表される複

第10章　日本企業の海外進出と経営の現地化

数の国が地域的なグローブを形成したことによる巨大市場の誕生も重要な要因であった。

　これらの増加傾向に対して，中南米への投資はこの間，14％から4％に減らしている。1960年代に，原料となる綿花や羊毛が取れる中南米に対して繊維メーカーの多くが現地企業や日本の総合商社と組む合弁形態による工場進出を相次いで行った。だが，その後は日本本社の戦略が非繊維事業への展開を進めていったことなどを理由に現地の既存工場の閉鎖・縮小が進められていった。これが減少の主な理由として考えられる。

　そして第3は産業部門別でみると，いずれの時期においても海外従業員数の約80％以上が製造業で雇用されている点である。非製造業の直接投資の場合では，1972年では21％であったのに対し，2002年には10％にまでその割合を減らしている。この割合が減少した理由としては，次の2つが指摘されている。第1に，バブル崩壊やアジア通貨危機といった経済の急激な悪化のなかで，建設，小売，金融などの非製造業は日本の親会社の経営立て直しに全力を注ぎ，海外子会社の面倒をみるほど余裕がなかったことである。第2に，非製造業それ自体の競争力の弱さである。製造業と違って，非製造業は長年，国内市場ではさまざまな規制に守られて本格的な競争をあまり経験してこず，また商社や海運を除けば，国際競争力を築く上で重要な輸出活動やそれに類似する経営活動もしてこなかった。つまり，非製造業は外国企業との熾烈な競争に耐えきることができるほどの競争力を培ってこなかったのである。

　しかしながら，近年は非製造業の国際化が急速に進展している。たとえば，消費市場として重要性を増す東南アジアを中心に，小売業（スーパー，コンビニなど）の進出が活発化している。具体的には，コンビニのファミリーマートは2014年時点で，台湾，韓国，中国，タイ，ベトナム，インドネシア，フィリピンに合計5,328店舗を出店している。また，防犯や警備などのセコムはイギリスの4大銀行の2行である香港上海銀行（HSBC）とロイヤル・バンク・オブ・スコットランド（RBS）に対して同社のセキュリティサービスを提供している。こうした事業展開は新興国市場だけでなく，先進諸国においても日本的

なサービスが現地で受け入れられていることを示しているといえよう。

2．経営の現地化とその背景要因

2-1 経営の現地化

　経営の現地化とは，海外子会社が経営に必要なヒト・モノ・カネ・情報といった経営資源を本国本社にそのすべてを依存するのではなく，進出国あるいはその地域内に存在する経営資源を現地で確保し活用することをいう。つまり，本国親会社が海外子会社に対して経営資源を一方的に移転し経営を行うのではなく，それらを海外子会社が現地で出来る限りまかない，さらには状況に応じて意思決定自体も海外子会社が主体的に行うことを意味している。以下では，3つの主要な現地化について個別にその内容をみていこう。

(1) ヒトの現地化

　ヒトの現地化では，海外子会社の経営幹部の外国人社員を現地人に代替させることが焦点となる。現地人のモチベーションの向上や外国人派遣社員の賃金コスト削減といった経済性の論理などから，経営幹部を現地人に切り替えていく必要がある。さらに，企業の国際化の進展に伴って増加する海外事業拠点の経営に必要な人材すべてを本国本社の人材だけで賄うことは，事実上困難を極める。そのためには本社の経営理念やビジョンを共有した現地人の確保・育成をいかに進めていくのかが極めて重要な意味になるであろう。

(2) モノの現地化

　モノの現地化とは，海外子会社の生産に当たって，組立用部品に代表される中間材（部品）の現地での内製化あるいは現地サプライヤーからの調達のことをいう。いわゆる，現地調達率の向上である。同じ品質の中間材が現地でタイムリーに調達できるのであれば，モノの現地化を推進することでコスト面や納期面でメリットがある。また，本社の設計に合った中間材を現地で調達できない場合は，初期段階から現地で調達可能な中間材を念頭に置いた設計開発を行う必要がある。そのため，近年は本国の開発拠点と連携を取りつつ，海外の研

究開発拠点の機能を強化させる多国籍企業も増加傾向にある。

(3) **カネの現地化**

カネの現地化とは、海外子会社の出資比率と事業運営に必要な資金を現地で調達することをいう。特に、出資比率に関しては現地化が進まない場合が多い。なぜなら、出資比率の現地化には海外子会社の経営権の支配と関連しているからである。安定的な経営を実現するために、本国親会社は海外子会社の出資を完全（100%）、または過半数（50%超）で所有することが一般的である。

2-2 現地化の背景要因

もっとも、こうした経営の現地化が海外子会社の設立時点から早急に実現できるものではない。多国籍企業の多くは当初、本国本社から海外子会社に経営資源を移転して経営をスタートさせることになる。なぜなら、多国籍企業はその経営行動の一環として、そして海外で優位性を発揮するには、本国で蓄積し優位性の源泉となった自社の経営資源を海外子会社に移転し、それをもとにコントロールしながら海外子会社の経営活動を行うものだからである。現地の経営資源を最初からすべて活用し経営を行うとなれば、それは多国籍企業の経営行動ではないといえよう。

しかしながら問題は、現地経営資源をほとんど活用せず、それらのすべてを本国本社に依存しながら海外子会社が量的・質的に拡大していくことは、次の2つの点から事実上困難であり、また実質的にも望ましいものではない。

第1に、進出国・地域の政治・経済的環境から発生する外資に対する規制への対応である。一般的に、発展途上諸国への進出では外国企業側の出資規制、原材料の輸入制限、国産化率の引き上げ、外国人雇用の制限などの各種の規制が多面的に存在することが多い。たとえば、東南アジア地域で最大の自動車生産台数を誇るタイでは自国の部品産業の保護・育成を目的に外国企業に対して国産部品の使用を義務付ける政策がとられてきた。そのため、タイ子会社は本国本社からの経営資源の移転を制限し、部品の現地化を進展させなければならなかった。1960年代から80年代のタイのように地場の自動車関連産業が未発達

な場合には，日本で緊密な関係を有する部品サプライヤーに現地進出を要請するか，あるいは海外子会社の技術指導によって現地サプライヤーの技術水準を向上させることに取り組むか，これらの取り組みにより部品の現地調達率を向上させなければならなかった。こうした規制は発展途上諸国に限ったものではなく，EU諸国やアメリカにも同様にみることができる。

　そして，第2に，多国籍企業の経営戦略に準拠した現地化への取り組みである。企業が海外進出する理由のひとつには，一国に留まらず国際的な環境のなかで競争力のある製品の開発・生産・販売がある。つまり，多国籍企業は本国だけでなく海外子会社を通して進出先の経営資源も利用できるというメリットをもっている。国内では得られない低廉であったり，特異であったりする経営資源を現地で調達し，それを有効に活用しながら最大の経営成果を達成しようとする組織体こそが多国籍企業の経営行動である。進出先の諸規制の有無にかかわらず国際戦略上の課題として経営の現地化に積極的に取り組まなければ，国際化自体が無意味なものとなってしまう可能性が高いのである。

　さらに，近年，企業の社会的責任に関する取り組みが世界的に大きな潮流となっている。OECD（経済協力開発機構）の多国籍企業行動指針や日本経済団体連合会の定める企業行動憲章においても，多国籍企業の経営活動が現地社会に及ぼす多大な影響を指摘している。そこでは経営の現地化を促進させて，現地の社会経営環境に根付けるように努力することを多国籍企業の長期的な使命として促している。

　このように，経営の現地化は進出国での外資規制といった外部要因に影響を受けつつ，また同時に本社の国際戦略にも大きく依存した問題なのである。つまり，企業が多国籍化したことで直面する経営課題といえよう。こうした課題を解決するには，現地の経営資源を自社に積極的に取り込みつつ，海外子会社の経営の現地化を図っていかなければならないのである。

3．事例：トヨタ

3-1 トヨタの国際化

　戦後のトヨタの海外生産は，1958年1月にブラジルで設立されたトヨタ・ド・ブラジルS.A.を皮切りに東南アジアや中南米などの発展途上諸国を中心に始まった。その後は，「需要のある場所で生産する」という方針をもとに欧米先進諸国や中国，近年ではロシアなどの新興国を含む世界各国・地域に生産拠点の整備と増強を進めた。2013年12月末時点でトヨタは27ヵ国・地域に52の製造事業体を設けている。海外生産台数をみても2000年代に入り，北米地域やアジア地域での現地生産を急拡大させたことで，2007年には国内生産台数を上回っている。トヨタは海外における生産活動を積極的に推進し続けてきた多国籍企業だといえよう。

　では，トヨタはどのように海外で自動車の現地生産に取り組んできたのであろうか。前節で説明した経営の現地化の側面から同社の北米地域での取り組みを確認していこう。

3-2 北米地域における現地化への取組み

　2013年時点のトヨタの全体の売上高において，北米事業は約3割を占めており，国内に次いで重要な地域である。トヨタと北米地域の関わりは，1957年8月にアメリカに向けてクラウン2台がサンプル輸出され，また同年10月に販売会社米国トヨタ自動車販売を設立したことに始まった。いわゆる輸出戦略によるアメリカを中心とした北米市場の開拓である。しかし，1980年代に入ると，対米乗用車輸出の自主規制や急激な円高の進行を受けて，トヨタはアメリカ市場向けの供給をそれまでの輸出戦略から現地生産で対応するという方針に変えることになった。つまり，アメリカでの自動車生産を決意したのである。1984年2月，トヨタはビッグスリー（アメリカ自動車大手3社）のうちのゼネラルモーターズとの合弁でカリフォルニア州に自動車製造工場ヌーミーを設立した。

そして，この設立をきっかけに，アメリカを中心に北米地域でのトヨタ単独での生産拠点の拡大を図っていった。2001年には北米地域での現地生産累計台数が1,000万台を達成し，海外地域別の生産台数の内訳をみても，北米地域は2007年にアジア地域に越されるまでは海外のなかでもっとも生産台数が多かった。2011年12月時点，11ヵ所（カナダ2ヵ所，アメリカ9ヵ所）の生産拠点が設けられており，従業員総数は約3万1,252人に達している。

　この北米地域における経営の現地化は，トヨタの「産業報国の実を挙げるべし」という経営理念をベースに取り組んできたといえよう。つまり，これは自動車産業を通して進出国での雇用機会の創出や地域経済の発展への貢献を目的に現地に根ざした活動を行うことを意味している。こうした理念をベースに経営の現地化を進展させてきたと考えられる。以下では，同社の現地化の取り組みに関して，ヒト・モノに焦点を当ててその状況をみていこう。

　ヒトの現地化に関しては，1990年代後半から北米地域の各子会社のトップマネジメント，つまり最高経営責任者（社長）に現地人の登用が本格化した。製造部門をみると，1998年にカナディアン・オートパーツ・トヨタ，2001年にトヨタ・モーター・マニュファクチュアリング・ケンタッキー，そしてその翌年にはトヨタ・マニュファクチュアリング・カナダといった各子会社で現地人の社長が登用された。また非製造部門をみても，2004年に自動車ローンやリースなどの自動車販売金融サービスを提供するために設立されたトヨタ・モーター・クレジット・コーポレーションや，2005年には米国トヨタ自動車販売でそれぞれ現地人の社長が就任した。また，この時に同社の社長に就いたジェームス・プレス氏は，2006年に北米全体の渉外・広報・調査活動を統括・管理するトヨタ・モーター・ノース・アメリカの社長に就任している。

　これまで多くの日本の製造業では日本本社・工場・研究開発・技術部門との連携が不可欠であることを理由に，海外子会社の製造部門におけるトップマネジメントへの現地人登用はその進展が遅々として進まないことが多かった。上述のように，トヨタが製造子会社3社で現地人をトップマネジメントに登用したことは，同社の理念をベースに行動した姿勢の表れであるといえよう。

第10章 日本企業の海外進出と経営の現地化

　そして，モノの現地化に関してもヒトの活用と同様に，これまで日本企業の多くは競争力の源泉である品質管理の重要性を理由に海外での部品調達には消極的であったことが多い。特に自動車産業のように大量の部品を必要とする場合には当然のことである。

　だが，こうしたなかで，トヨタはアメリカでの現地生産の開始後早期に部品を内製化するとともに，現地サプライヤーからの調達も積極的に取り組んできたといえよう。たとえば，1986年1月設立のトヨタ・モーター・マニュファクチュアリング・USA（1996年10月に社名をトヨタ・モーター・マニュファクチュアリング・ケンタッキーに変更）では，翌年2月にケンタッキー州において初めて部品・材料の現地調達を目的に現地サプライヤーに対して仕入先総会を開催した。この総会では全米から参加した約60社の現地サプライヤーに品質やコストなどの取引条件を提示し，トヨタが自社の系列内での取引に拘らない姿勢を表明した。また，同工場では1988年5月からカムリの生産を始め，1989年12月には日本からの部品供給による同乗用車のエンジンの組み立てを開始した。しかし，その後は関係部品の内製化や現地調達を進めて，1991年までに部品から最終組み立てまでを行う一貫生産工場の計画を早期に打ち出した。この結果，現地調達先企業の半分ほどが日本企業の海外子会社や技術供与先であることも考慮しなければならないが，同工場の現地調達比率を稼働当初の60％から，1991年には75％にまで上昇させることを目標としたのであった[3]。

　そして，こうした部品の現地調達率向上にとって重要となる取り組みが，現地サプライヤーへの技術支援と現地製部品の品質に対する迅速かつ適正な評価であった。そこで，トヨタは1977年に設計や製品企画などの研究開発業務を行う目的で設立したトヨタテクニカルセンターU.S.A.の技術者を増員・拡充することで，その機能の強化を図っていった。つまり，現地の研究開発拠点の技術者・管理者を中心とした現地サプライヤーへの技術指導や部品・車両の評価などの機能の強化である。さらに，こうした取り組みのなかで，自動車の開発段階から現地サプライヤーの技術者と共同で部品の設計・開発を行うというデザイン・イン活動もアメリカで開始した[4]。

以上のように，トヨタはヒト・モノ，および開発の現地化に積極的に取り組み，北米地域での自動車の現地販売・現地生産を図ってきたのであった。

4．海外の経営行動

　本章では，日本企業の海外展開の状況と海外子会社における経営の現地化について論じてきた。

　日本企業の海外進出については，その活発な事業展開の歴史的経緯が明らかになった。今後の国内外の外部環境変化を考えると，国内市場は少子高齢化の影響により縮小傾向が出ているが，これに対して海外市場は新興国を中心に富裕層・中間層の拡大により，消費水準が急速に拡大しているといえる。つまり，日本企業にとって海外事業展開は製造業・非製造業を問わずますます重要な経営行動になっていくと指摘できよう。

　そして，こうした国際化の進展に伴って，多国籍企業の経営行動だからこそ得られる競争力の源泉，つまり国境を越えることで獲得ができる経営資源を積極的に活用することは，単なる進出国での外資規制への対応のためだけでなく，国際経営戦略上の目的，さらには社会的責任を果たすためにも極めて重要な経営課題となってくる。

　トヨタの事例では，北米地域の現地経営資源を積極的に活用し，自動車の販売・生産活動に取り組んできた事実が明らかになった。さらに，トヨタは自動車の販売・生産活動に直接関わる現地化の他に，「良き企業市民」をめざし，教育分野を中心とした社会貢献活動も北米地域や東南アジア地域などにおいて積極的に取り組んでいる。こうした現地人の経営参加，部品・原材料の現地調達率の向上，研究開発機能の現地での強化，そして教育活動による現地社会への積極的貢献といった取り組みは，トヨタの経営理念に基づく経営行動の表れであるといえよう。

　経営の現地化はトヨタに限った話ではなく，日本のすべての多国籍企業にとっても真摯に取り組むべき重要な経営課題なのである。

第10章　日本企業の海外進出と経営の現地化

【注】
1）『日本経済新聞』2014年3月2日付。
2）トヨタに関する記述・データは同社ホームページ（https://www.toyota.co.jp）を参考にしている（2014年8月25日閲覧）。
3）『日本経済新聞』1987年11月10日付。
4）これらの成果として，1994年に北米専用モデル「アバロン」がアメリカ市場に投入された。

参考文献

井上忠勝・吉沢正広（1995）「トヨタの初期海外戦略」『経営管理研究所紀要』第1巻第2号，1-32頁

笠原民子（2014）『日本企業のグローバル人的資源管理』白桃書房

川辺信雄（2011）『タイトヨタの経営史―海外子会社の自立と途上国産業の自立―』有斐閣

藤田順也・竹内竜介・平野恭平（2010）「戦後日本企業の海外進出の変遷―海外従業員数ランキングの拡張―」『経営研究』No.56, 1-64頁

藤森英男編（1987）『アジア諸国の現地化政策　展開と課題』アジア経済研究所

吉原英樹（2011）『国際経営　第3版』有斐閣アルマ

宮本又郎・阿部武司他編（2007）『日本経営史―江戸時代から21世紀へ―』有斐閣

第11章
ヒトに関する管理論の変遷

This chapter provides an overview of the changes from personnel management, which was established after Frederick W. Taylor devised scientific management, to human resource management (HRM). In simple words, these transitions in management can be described as follows: (i) the establishment of personnel management, (ii) the emergence of the human relations school of management, (iii) the development of behavioral science, and (iv) the establishment of HRM. Although a limited number of theories are considered, this chapter also discusses some representative management theories concerning humans and explains the difference between personnel management and HRM.

キーワード
テイラーの科学的管理法，人事管理論，人間関係論，行動科学的管理論，人的資源管理，戦略的人的資源管理論，ホーソン実験，経済人仮説，社会人仮説，自己実現人仮説

本章は,テイラーの科学的管理法以降におけるヒトの管理について取り上げ,その管理の変遷について概説を行う。一口に「ヒトの管理」といっても,そこには一定の連続性がある一方で,その前提となる基本的な考えには各時代によって大きな相違が認められ,その具体的な管理方法,対象も時期によってその様相を異にしてきたという経緯がある。それらの流れは,ごくごく単純化すればテイラーの科学的管理法以降の人事管理論の成立,その後の人間関係論,行動科学的管理論の発展,そして人的資源管理論への展開と把握することができる[1]。以下では,このヒトの管理に関する議論の流れを意識しつつ,代表的な議論をいくつか取り上げ,それら議論の特徴などについて概観していくこととする。なお,テイラーの科学的管理法については,第1章で詳細に取り上げられているため,簡単に言及するに留め,テイラーの科学的管理法後に成立をみた人事管理論から,主に検討を加えていくこととする。

1．人事管理論の成立

　第1章で取り上げられているように,テイラーの科学管理法が誕生したのは19世紀末から20世紀初頭にかけてであるが,当時の状況における特徴のひとつとして,企業の大規模化が進み,企業活動が複雑化・高度化したことがあげられる。そのようななか労働者の経験や勘に基づいた,それまでの場当たり的な管理では立ち行かなくなり,また当時の経営者側の賃率引下げと労働者側の「組織的怠業」をめぐる労使双方の不信を背景として,テイラーの科学的管理法は登場した。

　テイラーの科学的管理法における重要な点のひとつは,この管理法の導入により「1日の標準作業量」である課業が設定されたことであり,「動作研究」,「時間研究」を行うことで「標準化」が進められたことである。またテイラーの管理論の根底をなすヒトに関する基本的な考え方は,いわゆる「経済人仮説」であり,ヒトは自身の経済的な欲求に動機づけられ,自身の利益の最大化のために合理的に行動するという考えであった。このような考えのもと,併せ

て従前の賃金の支払い方である単純出来高払制度に代わり，差別的出来高払制度が導入された。

人事管理論は，テイラーの科学的管理法における課業の設定，その前提となる「標準化」の進展を，いわばその成立の条件のひとつとしている[2]。なぜなら労働者の経験や勘に基づいた場当たり的な管理の下では，労働者の能力は相互に比較不能で，およそ客観的に把握することはできず，職務の内容も不明瞭のままであるからである。換言すれば，労働者の能力の客観化，職務の明確化は，「標準化」を通じて達成され，そのことをもって人事管理の対象とすることができえたのである。他方，当時の工業の発展は，これまでにはない新たな職務の必要性，職務内容の変更を企業に迫り，人事管理の対象として労働者の採用，配置，教育訓練などへの対応も人事管理上の重要な課題となった。

テイラーの科学的管理法導入後における当時の人事管理の特徴としては，次の3点が指摘できる。第1に，その管理の対象は基本的にブルーカラーであり[3]，今日，一般的にその対象として暗黙の前提とするホワイトカラーをその積極的な対象として含んでいない点である。第2に，管理の手法が職務に基づいた採用，配置，教育訓練などを中心としており，そして第3に，当時の人事管理の目的は，あくまでも労働力の「能率的利用」であり，労働力管理を主要な関心としていた点である。すなわち労働者そのものに対する関心は相対的に薄く，「能率的」という言葉からも明らかなように，そこにはアウトプットに対し必要となる費用という概念を色濃く内包していたといえる。

2．人間関係論

本節では，ヒトに関する管理論の変遷に影響を与えた議論として，人間関係論に焦点を当て概説を行っていく。人間関係論を展開していったメイヨー，レスリスバーガーなどの人間関係学派は，先に見たテイラーの科学的管理法の根幹をなす「経済人仮説」に異を唱え，それに代わり「社会人仮説」を提示したことで知られている。人間関係学派の主張を理解する上で，重要な実験である

著名なホーソン実験からその内容を把握していくこととしよう。

2-1 ホーソン実験

　ホーソン実験は，1924年から1930年代にかけてウェスタン・エレクトリック社のホーソン工場で実施された照明実験，継電器組立作業実験，雲母はぎ作業集団実験，面接実験，バンク配線作業観察などの一連の実験をさす。以下では照明実験から順を追ってその概要を確認しておこう。

　照明実験は，1924年から労働者の作業能率を高めることを目的として，作業能率と照明の明るさの程度との関係を明らかにするために，実施された実験である。当初，この実験では，照明の明るさを暗い状態から明るくすれば，作業能率は向上し，また照明の明るさを暗くすれば，作業能率は下がるものと想定されていた。しかしながら，実験の結果は，照明を段階的に明るくした実験で作業能率が向上したのみならず，実験の比較対象として明るさの程度を一定に保ったグループにおいても，さらには逆に照明を段階的に暗くしていった実験においても生産高が増加する結果となった。照明実験は，当初の想定とは全く異なる結果が得られたという意味で，失敗に終わったが，この実験により作業能率が照明の明るさの程度という作業条件以外の要因に規定されていることが明らかになった。

　次に，1927年から29年かけて E. メイヨーを中心とするハーバード・グループによって継電器組立作業実験が行われた。この実験においても，各種の作業条件が作業能率を規定しているという想定のもと，作業時間，休憩時間等を含む各種の作業条件と作業能率との関係を把握することを目的として実施された。しかしながら，この実験においても作業条件の改善による作業能率の向上がみられただけではなく，一般的に作業条件の引き下げと考えられる作業条件の変更においても作業能率が向上する結果が得られた。このことから作業能率の向上は，作業条件ではなく，それとは異なる要因によって強く作用を受けていることを，実験を行った研究者グループは明確に理解するに至った。

　この実験に次いで雲母はぎ作業集団実験が行われた。この実験を通じて注目

されたのは，作業従事者は友好な人間関係を築いており，相互に協力的関係をもっていたこと，ウェスタン・エレクトリック社の大工場で，生産性向上に向けた取り組みにおいて自らが重要な役割を担っているという誇りをもち，また実験室内での普段の高圧的な監督者からの解放という作業者の心理的側面であった。そしてこれらの諸点が作業能率に与える要因として着目されることとなり，作業従事者の心理的側面を把握するために，作業従事者を対象とした面接実験が行われた。面接実験は，被面接者が話し出した内容に対し，話の聞き手が肯定的な態度を示し，話をさえぎったり，話を変えたりすることなく，作業従業員の感情や精神状況をひたすら聞き取りし続けるという方法で実施された。そこで明らかにされたのは，作業従事者の行動は，感情や精神状況と非常に密接に関わっており，従業員のこれまでの生活のいきさつを反映した職場に対する感情，そして職場における上司，仕事仲間との間に取りもつ人間関係の重要性であった。

　このような経緯から，職場における上司，仕事仲間との人間関係に焦点が当てられ，その内容を明らかにする実験として，1931年にバンク配線作業観察が行われた。バンク配線作業観察は，作業に関わる配線工，ハンダ付け，検査工を対象に実施され，観察の結果，経営側が人為的に作った公式組織とは別に，職場内部には労働者相互の間に取りもつ仲間意識などの人間関係を基礎とする，非公式組織が形成されていることが確認された。そしてこの非公式組織は，経営者が定める各種ルールとは異なる，たとえば働きすぎてもならないし，怠けすぎてもいけないといった各種の行動基準やルールをその内部に生み出しており，この非公式組織内における行動基準やルールなどの規制力が職場の作業能率に影響を与えていることが把握された。

2-2　人間関係学派の特徴

　先述の通り，テイラーの科学的管理法のもとでは，管理における根本的な考えは，「経済人仮説」であったが，これらの一連の実験から人間関係学派により，それに代わり，「社会人仮説」が提示されるに至った。すなわちヒトは職

場のなかで取りもつ人間関係に影響を与える感情や心理など，論理的ではない非論理的な要因に作用を受け，動機づけられ行動する存在として把握されたのである。このような仮説のもと，作業能率の向上において，職場のなかでのヒトの結びつき，人間関係に影響を与えるヒトの感情や心理が重視され，それに基づく管理手法が注目された。

　人間関係学派の知見に基づいた管理の特徴としては，以下の3点があげられる。第1に，科学的管理法と同様に，管理の対象として念頭にあるのは，ブルーカラーであり，ホワイトカラーの本格的な対象化については，後にみる行動科学的管理を待たねばならなかった点である。第2に，管理手法としては，従業員の感情や心理を把握するために実施されるモラルサーベイ，職場のコミュニケーションの促進を意図した職場懇談会，あるいは職場の人間関係を重視した管理者の教育などが行われた点である。そして最後に，科学的管理法においては，その主要な関心はあくまでも能率的利用を行う上での労働力であったのに対し，人間関係学派は労働力というより，労働者それ自体に関心を寄せていた点である。

3．行動科学的管理論

　本節では，ヒトに関する管理論の変遷として，「自己実現人仮説」に基づいた管理を取り上げていくこととする。ヒトのもつ自己実現欲求については，1954年に出版されたマズロー（Maslow, A. H.）の *Motivation and Personality* が著名であるが，まず議論の前提として，マズローの欲求階層説の概要から取り上げていくこととしよう。

3-1 マズローの欲求階層説

　マズローは，人間のもつ欲求について，①生理的欲求（physiological needs），②安全欲求（safety needs），③社会的欲求（social needs），④承認欲求（esteem needs），⑤自己実現欲求（needs for self-actualization）の5つをあげ，それらの

第11章 ヒトに関する管理論の変遷

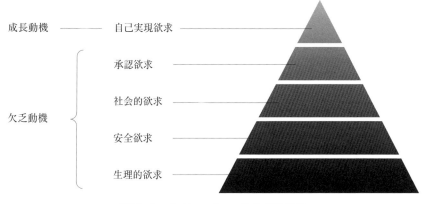

図11-1　A. H. マズローの欲求階層説

(出所) ゴーブル (1972) から作成

欲求が図11-1の通り，階層構造をなしているという欲求階層説を提示した。これら5つの欲求の内容について簡単に述べれば，① 生理的欲求は，食欲，睡眠など生命の維持に直結した欲求，② 安全欲求は，生活を営んでいく上での危険を排し，安全に暮らしていきたいとする欲求，③ 社会的欲求は，集団への帰属を求め，良好な人間関係を築きたいと思う欲求である。そして④ 承認欲求は，周囲の人間から尊敬を集め，認められたいとする欲求であり，⑤ 自己実現欲求は，自身の能力を発揮することで自身の成長を求め，それらを通じて自身が望む人間になりたいとする欲求である。

　マズローは，図11-1におけるより低次の欲求が満たされることで，その欲求の重要度は相対的に低下すると共に，ひとつ上の欲求の充足が求められるようになり，各段階の欲求が満たされることによって，ひとつずつ上位の欲求の充足が図られる，との説明を行っている。① 生理的欲求から④ 承認欲求までの欲求については，欲求として満たされることが想定されており，このことから欠乏動機とよばれている。それに対して，最高次の自己実現欲求については，一定程度充足されてもそれが満たされることはなく，一定程度の充足により，逆に自己実現欲求の充足がより一層求められる，際限のない欲求として把握さ

139

れており，成長動機とよばれている。

マズローの欲求階層説は，その後，C.P.アルダファーのERG理論により修正が試みられることとなる。だが，マズローの欲求階層説は，自己実現欲求を人間の欲求として明確に示し，その後，自己実現仮説に基づいた管理が発展する上での前提を構築したという点で，研究史上にその重要性のひとつが認められる。

3-2 C.アージリスの成熟－未成熟理論

1950年代年代以降，マズローが示した自己実現欲求の影響を受け，行動科学的管理論が発展していくこととなるが，それらの管理論として，D.マグレガーのX・Y理論，F.ハーズバーグの動機づけ・衛生理論，C.アージリスの成熟－未成熟理論などがあげられる。本節では，それら代表的な理論のひとつとして，C.アージリスの成熟－未成熟理論を取り上げ，以下，その概要について確認していくこととしよう。

アージリスの成熟－未成熟理論において，個人は，受動的な行動から能動的な行動へ，他人に依存した状態から相対的に他人から自立した状態へ，また限られた行動様式から多様な行動様式へ，そして場当たり的な浅い関心から複雑な深い関心へなど，未成熟な段階から成熟した段階へと成熟を求める個人として捉えられている。しかしながら，その一方で実際の働く場となる公式組織は，組織目標を効率的に達成するために，① 課業専門化の原則（Task Specialization），② 指揮系統の原則（Chain of Command），③ 指揮統一の原則（Unity of Direction），④ 統制範囲の原則（Span of Control）といった伝統的な管理原則に従ってデザインされており，これらの管理原則は，能動的な行動ではなく受動的な行動を，相対的に他人から自立した状態ではなく他人に依存した状態を，さらに多様な行動様式ではなく限られた行動様式など，成熟した行動ではなく未成熟な行動を個人に対して求めることとなる。したがってこれらの組織が個人に対する要求と，個人のもつ成長への欲求，自己実現欲求は，基本的に相反する関係にあり，双方の間に不適合が生じるとアージリスは指摘している。

このような双方の関係を踏まえた上で，アージリスはこのような問題を克服する方法として，職務拡大と参加的リーダーシップの2つをあげている。職務拡大は，従業員の仕事の単調化，無味乾燥化に対し，仕事の範囲を水平方向に量的に拡大することをさし，その拡大に伴い従業員の能力をより一層活用する余地を増加させ，その達成を通して成長欲求や自己実現欲求の充足を念頭におくものである。

他方，参加的リーダーシップは，専門化された課業に従業員を押し込めるのではなく，従業員がさまざまな参加を通じて自己実現を図れるように発揮されるリーダーシップである。具体的には従業員の方をではなく組織デザインを変更し，従業員の自己統制の範囲を拡大させると共に，従業員に対し多くの参加の機会を提供し，自己実現欲求の充足を促す，強制的，命令的ではないリーダーシップが含意されている。

3-3 行動科学的管理論の特徴

テイラーの科学的管理法においては，「経済人仮説」がその管理の前提であり，また人間関係学派においては「社会人仮説」が管理の根幹をなす考え方であった。それに対して，行動科学的管理論においては，マズローの欲求階層説において示された自己実現欲求をもつヒトとしての「自己実現人仮説」がその基本的な人間像となっている。この仮説においては，ヒトは自身の成長欲求や自己実現欲求に動機づけられ，その充足を求めて行動するものだとの想定が行われている。

これまでの行動科学的管理論の説明を踏まえ，行動科学的管理論の特徴として，以下の3点を追加的に確認しておきたい。第1に，管理の対象についてである。テイラーの科学的管理法，人間関係学派の知見に基づいた管理において，その対象はブルーカラーであったが，行動科学的管理論においては，その管理の対象がブルーカラーのみならず，ホワイトカラーにまで拡大した点である。その背景のひとつとして，1950年代においてサービス産業の拡大という産業構造の高度化が進み，ホワイトカラー労働者が増加した点があげられる。第2に，

管理手法として，従業員の成長欲求や自己実現欲求を喚起させる上で，職務拡大，職務再設計，参加的リーダーシップ，あるいは目標管理制度などが提唱された点である。第3に，人間関係学派は科学的管理法とは異なり，その主たる関心は，労働力ではなく労働者であったが，行動科学的管理論においても，その関心は成長欲求，自己実現欲求をもつヒトそのものに焦点を当てていた点である。

4．人事管理から人的資源管理へ

　1980年代初頭に，ハーバード経営大学院において，それまでの人事管理，行動科学などヒトに関連する科目をひとつにまとめた人的資源管理（HRM）という科目が設けられた。今日，人的資源管理という言葉をごく一般的に耳にするが，人的資源管理という言葉が，日本において浸透していったのは1980年代以降のことである。最後に，本節では人的資源管理について，その特徴を3点にわたり指摘しておきたい。

　第1に，人事管理は，従業員は割り当てられ与えられた仕事を行う存在であり，先述の通りコストとして捉えられてきた側面が強い。だが，人的資源管理においては自己実現仮説をベースとする行動科学の知見に基づき，その資源という言葉が端的に指し示すように，単なるコストではなく，企業にとって資産であり，教育訓練投資を行うことで企業に利益をもたらす競争優位の源泉として把握されている。別言すれば，人事労務においてはコストの最小化が関心事であったのに対し，人的資源管理においては資源としてのヒトの最大限の活用が問題となる。

　第2に，企業の戦略との結びつきの強化があげられる。人的資源は競争優位の源泉であるとの位置付けから，経営戦略との一体化がすすめられ，企業の戦略とリンクし統合された形での人材採用，報酬管理，能力開発が図られてきた。このような結びつきの強まりを受けて，戦略的人的資源管理論という用語も，今日，用いられるに至っている。

そして第3に，教育訓練，能力開発の位置付けに相違が見られる点である。人事管理においては，教育訓練はいわば限定的であり，相対的に能力開発は軽視されてきたといえる。だが，人的資源管理においては，個人は成長欲求，自己実現欲求をもつ存在として把握され，また企業競争上において中核的な資源と把握されることから，その価値を高める教育訓練，能力開発が重要な課題となる。

5．その他の理論展望

本章では，テイラーの科学的管理法以降における，人事管理から人的資源管理への流れについて概説を行った。本章では，経済人仮説，社会人仮説，自己実現人仮説を取り上げたが，その他にもヒトに関する仮説として，経営人仮説，全人仮説などが存在する。それらの仮説については，紙幅の都合上，取り上げることはできなかったが，それらの各仮説についてもおさえておいて頂きたい。また，本章において行動科学的管理論について言及したが，そのなかで扱えたのは，C.アージリスの成熟—未成熟理論についてのみであった。その他，学習しておくべき理論としては，少なくともマグレガーのX・Y理論，ハーズバーグの動機づけ・衛生理論などがあげられる。それらについても興味関心をもって学習して頂きたい。

【注】
1） むろんのこと，他にも言及すべき理論，論者は数多存在するが，紙幅の制約上，本章において更に取り上げ，議論の俎上に載せることは難しい。本章では，ヒトに関する管理の変遷については，ごく限られた範囲内ではあるが，このような流れに沿って，以下，概説していくこととする。
2） 人事管理が成立する上での重要な条件のひとつとして，間接管理から直接管理への移行が挙げられる。テイラーの科学的管理法については，第一章を参照されたい。
3） 日本においては，「人事管理」と「労務管理」という用語をその管理の対象に即し，各個別に用いられてきたという経緯があるが，詳細は別稿で扱うこと

としたい。

参考文献

アージリス, C. 著, 伊吹山太郎・中村実訳（1970）『組織とパーソナリティ』日本能率協会

岡田行正（2004）「行動科学的管理の出現と特徴」北海学園大学経営学会編『北海学園大学経営論集』第2巻第1号, 北海学園大学経営学会

上林憲雄（2012）「人的資源管理論」労働政策研究・研修機構編『日本労働研究雑誌』No.621, 労働政策研究・研修機構

ゴーブル, F. 著, 小口忠彦監訳（1972）『マズローの心理学』産業能率短期大学出版部

森川譯雄（2010）「人事労務管理論の史的展開と人的資源管理論」広島修道大学学術交流センター編『修道商学』第50巻第2号, 広島修道大学学術交流センター

マズロー, A. H. 著, 小口忠彦訳（1987）『人間性の心理学』産能大出版部

メイヨー, E. 著, 村本栄一訳（1967）『産業文明における人間問題』日本能率協会

渡辺峻（2000）『人的資源の組織と管理』中央経済社

第12章
「日本的経営」の変容

　This chapter has two objectives. First, it aims to explain the nature of Japanese management systems, specifically focusing on the lifetime employment system and the seniority-based pay system. Second, this chapter aims to provide an overview of how these systems have changed since the 1990's.

　The results regarding the latter can be summarized as follows: (i) the scope of application of the lifetime employment system has shrunk due to an increasing number of non-permanent workers; and (ii) the scope of application of the seniority-based pay system has narrowed due to a decreasing number of regular workers, thereby changing the system and shifting it towards a job-based pay system.

キーワード
日本的経営，年功賃金，終身雇用，『新時代の「日本的経営」』，雇用ポートフォリオ，正規労働者，非正規労働者，賃金形態論，職務給

本章は，そのタイトルが示す通り「日本的経営」の変容について，特に1990年代以降を中心に取り上げる。「日本的経営」は，一般的には日本の企業に特徴的な各種の制度，慣行などをさす言葉である。しかしながら，この「日本的経営」という言葉がさし示す内容は必ずしも自明ではなく，何をもって「日本的経営」とするのかについてはさまざまな見解が見られる。たとえば，そうした見解としては，「日本的経営」の特徴を日本人が持つ心理的特性，日本の文化などに求める議論があげられる。そこで強調されたのは日本人のもつ，自身が所属する集団への非常に強い関心，集団への定着志向などの諸点であった（岩田 1977）。また他の見解に目を移せば，R.ドーアは，日本の特徴を組織志向型と把握し，そのような特徴を持つに至った背景として日本の産業化の遅れ，日本の後発性について論じた（ドーア 1973）。さらには長期にわたる従業員同士の競争の仕組み，あるいは配置転換のあり方等にその特徴を見出す議論もこれまで行われてきた（小池 1991）。

　このように，「日本的経営」の定義は一義的ではなく，多様な広がりをもっている。もちろんのことながら，それら全てについて本章で取り上げることはできないため，本章において「日本的経営」といった場合，1972年の『OECD対日労働報告書』をひとつの契機として広く知られるに至った[1]といわれる，いわゆる狭義としての「日本的経営」の「三種の神器」を取り上げるものとする。「日本的経営」の「三種の神器」は終身雇用，年功賃金，企業別組合の3つをさす用語であるが，以下では，紙幅の都合上，それらのうち終身雇用，年功賃金に焦点を当て検討を行っていくこととする。

1. 終身雇用

1-1 終身雇用とは

　終身雇用とは，一般的に企業が経営上，立ち行かなくなり解雇を回避できない場合や，また労働者の不始末等により解雇が社会的に相当と判断される場合などを除き，正規労働者として採用された労働者が，定年まで雇用されること

第12章 「日本的経営」の変容

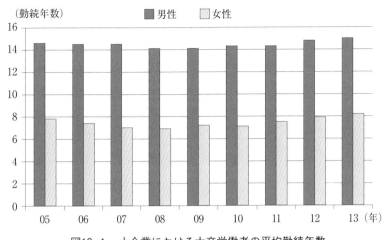

図12-1　大企業における大卒労働者の平均勤続年数

(注)　従業員規模1,000人以上の企業における大卒・大学院卒の正社員・正職員のうち，雇用期間の定めのない労働者の平均勤続年数から作成
(出所)　厚生労働省「賃金構造基本統計調査」（各年版）から作成

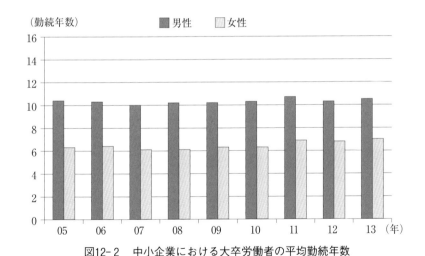

図12-2　中小企業における大卒労働者の平均勤続年数

(注)　従業員規模10〜99人以上の企業における大卒・大学院卒の正社員・正職員のうち，雇用期間の定めのない労働者の平均勤続年数から作成
(出所)　厚生労働省「賃金構造基本統計調査」（各年版）から作成

をさす言葉である。ただし，この終身雇用には，いくつかの留意すべき点がある。

第1に，終身雇用は，労働契約，あるいは労働組合と企業が取り結び，働く上でのルールを定めた労働協約などに明文化されたものではないという点である。従ってその意味で終身雇用はあくまでもルールや制度ではなく，暗黙の了解事項であり，社会的規範として存在してきたものである。換言すれば，この終身雇用には，雇用を維持することに対する企業への強制力といったものはなく，これまでもたとえば，オイルショック，円高不況などの経済状況に応じて，企業は雇用調整を行ってきた経緯がある。終身雇用はその文字通りの言葉が示す内容と，その実態とには一定の隔たりがある。

第2に，終身雇用の対象範囲である。終身雇用は一般的にあくまでも大企業に勤める男性正規労働者を対象として成立してきた典型的な雇用慣行という点である。すなわち中小企業で働く男性正規労働者は相対的に必ずしもこの雇用慣行と密接な関係をもっておらず，女性労働者においては従業員規模の大小にかかわらず，そもそも基本的にこの雇用慣行の対象となっていないことである。

図12-1は参考までに，従業員規模1,000人以上の大企業で働く大学・大学院卒で，かつまた雇用期間の定めのない正規労働者の平均勤続年数を男女別に表したものである。他方，図12-2はその比較対象としてさしあたり，10人～99人の従業員規模の企業における同じ条件の男女の平均勤続年数を示したものである。図12-1から確認できるように，大企業における男性正規労働者の平均勤続年数に比べ，中小企業における男性正規労働者の平均勤続年数は短くなっており，また大企業，中小企業の女性正規労働者の平均勤続年数は，それよりもさらに短いものとなっていることが把握できる。これらの図表からも終身雇用の対象範囲に一定の相違がみられることを，その一端ながら把握することができる。

1-2　終身雇用の変容

それでは，この終身雇用は近年，どのように変化しつつあるものとして捉え

第12章 「日本的経営」の変容

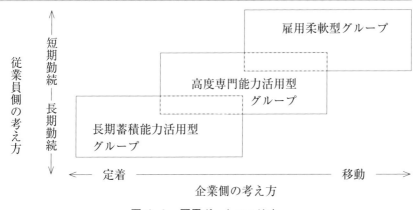

図12-3　雇用ポートフォリオ

(出所)　日本経営者団体連盟 (1995), 32頁

ることができるのであろうか。この点について焦点を当てていくこととしよう。

　図12-1, 図12-2をみる限りでは、各図における平均勤続年数の推移は、それほど大きな変化が生じているようにはみえない。だが、そのことをもって終身雇用をめぐる状況に、あまり変化がみられないとするのは早計である。以下では、近年における終身雇用をめぐる状況について検討を行っていくが、その際, 1995年, 当時の日経連 (日本経営者団体連盟) が公表した文書『新時代の「日本的経営」』のなかで示された「雇用ポートフォリオ」という考え方についてまず確認しておくこととしよう。

　図12-3は、日経連の『新時代の「日本的経営」』において示された雇用ポートフォリオの概要を端的に示したものである。日経連の『新時代の「日本的経営」』では、今後、雇用のあり方を、①「長期蓄積能力活用型グループ」、②「高度専門能力活用型グループ」、③「雇用柔軟型グループ」に分け、その時々の状況に合わせ、これらの各グループの雇用を柔軟に組み合わせていくことが提唱された。ここでいう①「長期蓄積能力活用グループ」とは、これまでの正規労働者の位置付けと同様に終身雇用、長期継続雇用という前提のもと、OJT[2]を中心に能力開発を行いながら人材活用を行っていくグループであり、

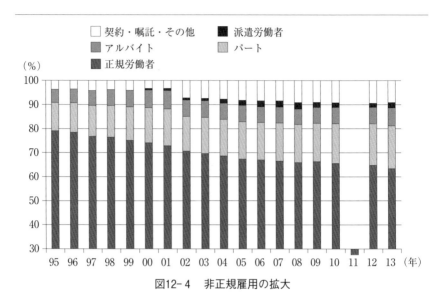

図12-4　非正規雇用の拡大

(注)　1995年～2001年までは「労働力調査特別調査」、2002年～2013年までは、「労働力調査詳細集計」より作成。2011年は、東日本大震災の影響により、データが不明
(出所)　総務省「労働力調査特別調査」及び「労働力調査詳細集計」、各年より作成

②「高度専門能力活用型グループ」は、必ずしも長期間の雇用を前提とせず、Off-JT[3]による能力開発のもと専門的熟練・能力を企業に提供するグループとしている。そして③「雇用柔軟グループ」とは、限られた短い雇用期間のもと、必要に応じて能力開発を行い、定型的業務や専門的業務を行うとするグループである。長期間の雇用を前提としない雇用形態としては、いわゆる非正規労働者が当てはまる。

　以上を踏まえ、この日経連の『新時代の「日本的経営」』が公表された1995年以降、非正規労働者数はどのように推移してきたのか、図12-4から確認しておくこととしよう。図12-4は役員を除く雇用者に占める正規労働者、及びパート、アルバイトなどの各非正規労働者の比率を縦軸にとり、時系列にその推移を示したものである。図12-4に示されるように、1995年時点において79.1％であった正規労働者の比率は、年々、ほぼ低下の一途を辿り、2013年に

は63.3％に減少している。他方，非正規労働者について目を移せば，この間におけるパート労働者の比率は，11.8％から17.8％に，またアルバイト労働者の比率は5.5％から7.5％に増加し，非正規労働者全体では，20.9％から36.6％に上昇している。役員を除く雇用者に対する比率ではなく，正規労働者の減少を実数で確認すれば，1995年においては役員を除く雇用者が4,780万人だったなか，そのうち正規労働者は3,779万人であったが，2013年では，5,201万人の役員を除く雇用者のうち，正規労働者は3,294万人となっている。従って，この間に正規労働者は500万人ほど減少していることとなる。日経連の雇用ポートフォリオは，3つの雇用グループを企業が柔軟に組み合わせることを提唱するものであったが，その内実は，ひとつの側面として「長期蓄積能力活用グループ」の絞り込みとして進展してきたことが読み取れる。終身雇用は，一部の正規労働者を対象とした雇用慣行であることは先にみたとおりであるが，近年における非正規労働の拡大は，そもそもその対象となる労働者の減少を意味し，そのような文脈において終身雇用を掘り崩す力となって作用してきたと言える。

2．年功賃金

2-1 年功賃金とは

　次に，年功賃金とは，どのような賃金であるのかについて確認していくこととする。今日，年功賃金といえば，たとえば年齢や勤続年数の増加に応じて上昇する賃金といった理解が一般的にみられる。そのような理解に対して，以下ではまず留意すべき点について，2点ほど補足を行っておくこととしたい。

　第1に，年功賃金とは，「年の功」としての意味合いのみならず，「年と功」による賃金上昇を含む用語である，という点である。すなわち文字通りの意味として，年齢や勤続年数（「年」）の増加によってのみ賃金が上昇するのではなく，企業に対する貢献や労働者の能力評価（「功」）に基づき，上昇する賃金という側面もはらんでいるということである。特に1969年に当時の日経連が『能力主義管理－その理論と実践』という文書を示して以降，日本において広範に

広がっていったとされる能力主義管理[4)]のもとにおいては,「職務遂行能力」が賃金を決定する上での重要な査定項目となっており,「年の功」にのみ基づき上昇する賃金という意味での年功賃金は,少なくとも今日においては一般的に想定することはできない。

　第2に,年功賃金は,賃金のあがり方のみならず,賃金の決め方(賃金形態論)の視点を伴っている,という点である。欧米の賃金の決め方は,基本的に職務に基づき賃金が決定される職務給とよばれるものであるが,欧米の賃金においても,横軸に年齢をおき縦軸を賃金として賃金カーブを描けば,広く知られているように年齢の増加に伴う賃金上昇が認められる。もし仮に年齢の上昇に伴い賃金が上昇することをもって,年功賃金とすると,その意味の限りにおいては欧米の賃金も年功賃金とも言い得ることとなるが,賃金の決め方(賃金形態論)の点では,双方については一線を画すべき違いがある。すなわち,欧米の職務給は,職務に基づき賃金が決定されるという点で,「職務基準賃金」であるのに対し,日本の年功給は,労働者の年齢,勤続年数や,あるいは学歴などの労働者の各種の属性に基づき賃金が決定される「属性基準賃金」であるという相違である。これらの賃金形態を混同しないうえでも,年功賃金といった場合,賃金の決め方という視点が含まれている点は重要である。

2-2 年功賃金の変容
(1) 正規労働者と非正規労働者の賃金

　では,このような特徴をもつ年功賃金をめぐる状況は,どのようになっているのか,把握していくこととしよう。その際,図12-5を参照しておくこととしたい。図12-5は,横軸に年齢をとり縦軸を賃金として男女別に正規労働者,正規労働者以外の賃金カーブを描いたものである。まず男性正規労働者の賃金カーブについて注目すれば,年齢の増加に伴い賃金が上昇していることが確認できる。20～24歳の正規労働者の賃金は20万4,000円であるが,その後,賃金は上昇し,50～54歳でピークをむかえ42万9,000円となった後,60～64歳時に30万8,000円に下がっている。また女性正規労働者の賃金について確認すれば,

第12章 「日本的経営」の変容

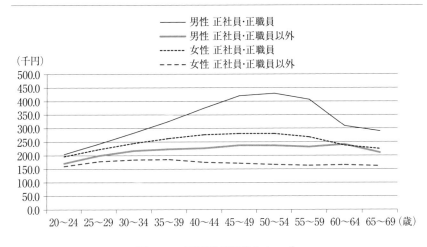

図12-5　雇用形態別賃金カーブ

（出所）　厚生労働省「平成23年度賃金構造基本統計調査」より作成

男性正規労働者の賃金ほどは加齢に伴う賃金の上昇はみられないものの，20～24歳では19万6,000円であり，その後緩やかに上昇し45～49歳で28万円となり，60～65歳では23万7,000円の賃金となっている。他方，非正規労働者の賃金についてみれば，男性非正規労働者の賃金は，20～69歳までの間，17万円から24万円の間を推移し，女性非正規労働者の場合にはおよそ16万円から18万5,000円の賃金となっている。

　これらの数値からも示されるように，非正規労働者の場合には，男性と女性ともに年齢の増加に伴う賃金上昇がかなりの程度，限定的であることがわかる。非正規労働者の場合には，その賃金決定において年齢や勤続年数などの属性が，賃金に与える影響はほとんどなく，賃金の決め方，あがり方ともにおよそ年功賃金と評価できる賃金とはなっていない。1990年代以降，非正規労働が拡大していることは先にみたとおりであるが，このことは他ならず年功賃金とは異なる賃金カーブのもとで働く労働者の増加を意味し，年功賃金の対象が縮小していることをさし示している。

(2) 正規労働者の賃金制度

これまで年功賃金の対象となる労働者が減少していることについて説明を行ってきたが，以下では，正規労働者の賃金制度がどのように変化してきているのかについて，武田薬品工業株式会社（以下，武田薬品工業）をケースとして取り上げ，その概要を把握していくこととする。武田薬品工業は，年功賃金からの脱却という点で注目を集めた企業のひとつである。武田薬品工業は，2014年3月期の数値で資本金630億円，従業員3万人の医薬品等の研究開発，製造，販売，医薬品の輸出入を手掛けている企業である。武田薬品工業は1997年〜2006年にかけて，3回の賃金制度改定を行っているが，以下では年功賃金の希釈化という観点から，1997年と2003年に行われた制度改定の概要をごく簡単にではあるがみていくこととしよう。

1997年の賃金制度改定以前における武田薬品工業の賃金体系は，図12-6の

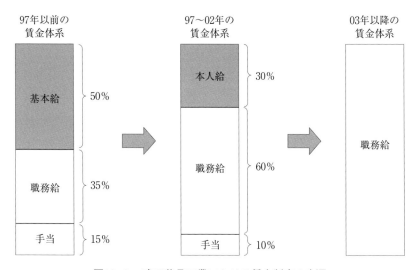

図12-6　武田薬品工業における賃金制度の変遷

（出所）　髙橋俊之（2006），91頁より，一部簡素化して作成

第12章 「日本的経営」の変容

通り，３つの賃金項目から構成され，年功的要素からなる基本給が50％，「職務給」[5]が35％，各種の手当15％を占めていた。1997年の賃金制度改定では，「① 年功的要素をできるだけ払拭し，より職務レベルを反映した報酬体系の構築」「② 個人の成果と企業業績にリンクした報酬体系の構築」を目的として制度改定が行われた。その結果，年齢など労働者の属性に基づき決定される本人給は30％に圧縮され，手当部分は15％から10％に比率を落とした一方で，「職務給」の構成比は賃金全体の35％から60％に引きあげられた。

1997年に続く2002年の賃金制度改定では，「① 成果が報われる報酬とする」「② 市場競争力とコスト競争力のある報酬とする」「③ シンプルでわかりやすい報酬制度とする」ことを基本方針として賃金制度改定の提案がなされた。この賃金制度改定の結果，年功的要素を残していた本人給，並びに諸手当は廃止され，武田薬品工業の賃金体系は「職務給」に一本化された。

このように年功賃金の対象となる労働者数が減少する一方で，正規労働者の賃金制度においても年功賃金的性格が後退する制度改定も行われてきた。こうした賃金制度改定は，年功的要素を含む賃金項目の廃止とまでは至らずとも，成果主義導入の試みなどとしてさまざまな企業で取り組まれ，そうした動向は1990年代以降，特に顕著となった。近年における年功賃金は，その対象の限定化という量的な側面と，年功的要素の希釈化という質的側面の両側面を伴いながら，変容を遂げつつあるとものと解釈することができる。

3．今後の動向

本章は，狭義における，いわゆる「日本的経営」の「三種の神器」のうち終身雇用，及び年功賃金を取り上げ，それらはどのようなものであり，また近年どのような変化のもとにあるのかについて説明を行ってきた。いうまでもなく，そのような変化は，今日においてもなお継続して進行している。

2014年現在，終身雇用については，解雇規制の緩和，長期の雇用関係を必ずしも前提としてない限定正社員（ジョブ型正社員）が政策レベルで検討が始ま

り，その導入に向けた議論が今日，活発に行われている。他方，年功賃金については，日立製作所が管理職1万人を対象に年功賃金を廃止する制度改定を行い，波紋を呼んでいる。また，ソニーも来年度に向け全社員を対象に年功賃金を廃止することを表明するに至っている。

終身雇用，及び年功賃金に関する問題は，今日においてなお重要なトピックであり続け，その動向が注目されている。本章での検討内容を踏まえ，今日，起きている現象についても，目を向けて頂きたい。

【注】
1) それに先立ち，年功賃金，終身雇用，企業別組合という3つの特徴を指摘した著書として，アベグレン，J.（1958）『日本の経営』が知られている。
2) On the job training の略で，仕事をしながら受ける教育・訓練をさす。
3) Off the job training の略で，仕事から離れ受ける教育・訓練を意味する。
4) 詳細については別稿に譲らざるを得ないが，職能資格制度を制度の根幹とする職能給が，1970年代以降，広範に浸透していった。
5) 武田薬品工業の賃金制度において，「職務給」との呼称となっているが，同賃金項目は，学術用語として用いられる職務給とは異なり，ある種の成果主義賃金として理解するのが適当である。そのため，武田薬品工業の賃金制度における「職務給」については，学術用語の職務給とは異なる内容を含んでいることから，本文中ではカギ括弧つきの「職務給」と表記することとする。

参考文献

アベグレン，J. 著，占部都美訳（1958）『日本の経営』ダイヤモンド社
岩田龍子（1977）『日本的経営の編成原理』文真堂
遠藤公嗣（2005）『賃金の決め方』ミネルヴァ書房
小越洋之助（2006）『終身雇用と年功賃金の転換』ミネルヴァ書房
経済協力開発機構編（1972）『OECD対日労働報告書』労働省
小池和男（1991）『仕事の経済学』東洋経済新報社
髙橋俊之（2006）「タケダの成果主義とその課題」『日本労働研究雑誌』No.554，労働政策研究・研修機構
ドーア，R.P.，山之内靖・永易浩一訳（1987）『イギリスの工場・日本の工場』筑摩書房
日本経営者団体連盟編（1969）『能力主義管理』日本経営者団体連盟弘報部
日本経営者団体連盟編（1995）『新時代の「日本的経営」』日本経団連出版

野村正實(1994)『終身雇用』岩波書店
野村正實(2007)『日本的雇用慣行』ミネルヴァ書房

第13章

企業形態,株式会社の特徴,コーポレート・ガバナンスの変容と今日的問題

　There are General Partnership Companies, Limited Partnership Companies, Limited Liability Companies, and Companies Limited within the forms of a company. A General Partnership Company is organized by only general partners. A Limited Partnership Company is organized by general partners and limited partners. A Company Limited is organized by only limited partners, and issues shares. Therefore, this form can be invested in by an unspecified number of investors.

　In a company limited, the problem of corporate governance comes up. In Japan, the momentum of corporate governance comes from the rise of institutional investors from the UK and the US, because they strongly demand shareholder returns, Japanese company managers operate to increase it. However, after the bankruptcy of Lehman Brothers, management has begun to shift to "created shared value".

キーワード
株式会社,有限責任社員,コーポレート・ガバナンス,株式持ち合い,株主価値経営,共通価値経営

1．会社形態：合名会社，合資会社，株式会社

　会社を始めようと考える際，もっとも原始的な企業形態としては，個人企業（個人事業主）がある。これは，事業主ひとりの出資によって成立し，活動の成果も個人に帰属する企業形態である。この形態における資金調達は，個人的資金か，金融機関からの借入金が選択肢としてあげられる。しかし，個人的資金には限界があり，借入金は信用力が低いため高金利とならざるをえない。たとえば，もし会社が軌道に乗ってさらに店舗や工場を設立したいと考えた時，さらに多くの資金が必要になるが，上記の理由のために自分以外の出資者を集める必要がある。ここで，「会社形態」をとるというニーズが生まれる。

　合名会社は，出資者（社員）1名以上で，会社の債権者に対して無限に責任を負う無限責任社員のみで構成される。ここでいう社員とは，出資者のことであり，一般的に使用される従業員の意味ではない。無限責任とは，会社の債務に対して無限に責任を負うということで，たとえば事業がうまくいかずに債務超過で倒産した時，無限責任社員はその債務の支払義務を負わなければならない。つまり，個人財産を処分して資金を捻出することさえ求められる。会社の信用力の低さを「無限責任」社員の存在で補っているのである。そのため，会社の構成員が代わることになる持分の譲渡を行うためには，他の社員全員の承諾が必要である。このように責任の重い無限責任のみで構成される合名会社が更なる資金調達を必要としても，無限責任社員になろうとする（なってくれる）社員を集めることは困難である。そこで，このデメリットを解消しようとした形態が「合資会社」である。

　合資会社とは，出資者（＝社員）が会社の債権者に対して無限に責任を負う無限責任社員と，出資額のみ責任を負う有限責任社員各1名以上で構成される形態である。有限責任社員は，無限に責任を負わない代わりに，経営権は保有しない。有限責任社員の持分を譲渡する場合は，無限責任社員全員の承諾が必要である。しかし，依然として無限責任社員の責任は重く，会社を設立させる

第13章　企業形態，株式会社の特徴，コーポレート・ガバナンスの変容と今日的問題

リスクが非常に高い。さらに，より多くの投資家からの出資をうけることも難しい。この問題点を解消したのが，「株式会社」という形態である。

　株式会社の起源は，1602年にオランダで設立された東インド会社といわれている。当時，ヨーロッパではインド，東南アジア近辺でしか採れない香辛料の需要が高まっていた。それを求めてヨーロッパから同地域へ香辛料を求めて航海するのであるが，当然当時は飛行機のような移動手段はないので船で向かうことになる。しかし，非常に遠い距離を進むための頑丈な船をつくる必要があり，実際に航海する船員を雇う必要もある。このように莫大な資金を要するが，嵐にあって転覆したり，海賊に襲われたりする危険性もあるため，単独あるいは少数の出資者ではそのリスクに対応しにくい側面がある。また，損失の責任を無限に負うことへのリスクは高すぎる。そこで，「株式」を発行することで，この資金調達の問題を解消させた。「香辛料を運んで販売するという業務を行い，成功すれば莫大な利益が得られる」との触れ込みで，たくさんの投資家から資金を集めた。投資家は出資したことの証明として株式を受け取り，事業が成功した際は出資額に応じて配当金を得られる。もし船が戻ってこない，つまり事業に失敗した時は，株式への投資は有限責任であるので，出資した分のみが損失となる。これまでの問題点を解消する株式会社は，今日においてももっとも活用されている会社形態である。国税庁の会社標本調査結果によると，2012年度の法人数の内訳は，株式会社がもっとも多く全体の95.5％を占めている。

　株式会社は出資者＝株主1名以上で構成され，構成員は有限責任の株主のみである。持分（株式）の譲渡は，非公開会社であれば会社の承認が必要であるが，株式公開会社であれば，原則譲渡自由である。

　2006年の会社法施行により，資本金1円で株式会社は設立可能である。ただし，登記料や司法書士への手数料などを考慮すると30万円程度かかる。それ以前は，株式会社を設立するには資本金1,000万円以上が必要であった。それは，全株主が有限責任である代わりに，万が一の場合の原資として会社の資本金を1,000万円以上，としたのである。しかし，資本金1円で設立可能に変更された背景には，資本金額が実際の資産（現金）を表していないことがあげられる。

設立の際に拠出する資本金は当然会社の資産購入代金として使われるし，たとえば赤字が続いている企業の場合，利益剰余金がマイナスとなり純資産はその分減少する。そこで，形式的な制度を撤廃し，会社設立のハードルを下げることにした。株式会社への出資者や取引相手は，1円で設立可能になったからこそ，財務諸表をよく確認する必要があるといえる。

2．合同会社（LLC）

2006年会社法の施行後，設立可能になった会社形態が「合同会社（Limited Liability Company）」である。この形態の特徴は，株式会社の形態を採った場合に必要になる手続などを省略することができることにある。たとえば，株式会社は株主総会を開かなければならないが，合同会社はその必要がなく経営のスピードを向上させることができること，決算公告の義務が合同会社には無いこと，定款に記載すれば株式会社には必須である取締役会を設置する必要がないこと，株式会社よりも会社設立・維持コストが低いこと，などがあげられる[1]。また，株式会社は出資額に応じた配当がもらえるが，合同会社は出資比率に比例しない利益分配が可能である。これによって，資金的な余裕はなく出資額としては少ないが業務で会社に貢献できるという構成員に対して，多額の配分が可能になる。合同会社は，出資者（＝社員）1名以上，構成員は出資額のみ責任を負う有限責任社員のみで構成され，持分の譲渡には，他の社員全員の承諾が必要である。社長は「代表社員」とよばれる。

このようなメリットがある合同会社であるが，その一方で当然デメリットもある。たとえば，社員間で意見の対立が起こった場合，意思決定に遅れが生じる場合があること，株式公開ができないので資金調達の方法が限定されること，決算公告の義務がないので，財務状態を公開していない企業の場合には調査が難しく，取引条件が悪くなったり金利が高くなったりする場合もあること，などがあげられる。このように，場合によっては「株式会社」よりも信用力が劣る場合あるので注意が必要である。

具体的に合同会社という形態を採用している企業は、西友（2009年9月1日から合同会社。米ウォルマートストアーズ日本法人が100％出資），P&Gマックスファクター，Apple Japan，ユニバーサルミュージックなどがあげられる。現在は合同会社という形態が設立可能になり，合名会社・合資会社のメリットがほとんどなくなっている。どの会社形態を選択すべきかについては，それぞれのメリット，デメリットを把握した上で決定することが望ましいといえよう。

3．株式会社とコーポレート・ガバナンス

3-1 コーポレート・ガバナンスとは何か

　株式会社は株式を発行して資金調達を行うが，株式を購入した投資家（株主）は，資金の支払いの対価として3つの権利を受け取る。1つめは，剰余金配当請求権である。これは，会社から利益配当をうける権利で，出資額に応じた配当を受け取ることができる。2つめは残余財産分配請求権である。会社清算時に残余財産の分配をうける権利である。先の東インド会社の例でいうと，香辛料を手に入れてヨーロッパに戻ってくればその事業は完了であるので，船などの残余財産を売却して投資家に分配する。ただし，継続企業（ゴーイングコンサーン）が通常である状況では，この権利が行使されることはほとんどない。3つめが議決権で株主総会の評決に関わる権利である。複数議決権株式など例外はあるが，基本的には1株1議決権で，過半数以上所有することで，実質的に会社を支配できる。

　会社を設立する際は出資者＝経営者である場合が多い。この状態であれば，株式の過半数以上を経営者が保有しているため，経営者が考える通りに会社を動かすことが可能である。しかし，会社を成長させるため，たとえば新たな土地や設備を購入するといった場合には，さらなる資金調達が必要となる。そこで株式を発行していくと，既存株主の持株比率は減少していき，会社を単独で動かすことができなくなっていく。また，会社の大規模化に伴って，専門知識をもつ経営者が必要になってくる。これがいわゆる「所有と経営の分離」である。

所有者（出資者）と経営者が異なると，経営者が出資者の意向とは異なる経営を行う可能性が出てくる。具体的には，利益を配当せずに利益をあげる見込みの少ないものに投資をするといった，出資者に利益を生まないような経営である。ここで，所有者が経営者を監視・監督する必要が生まれる。コーポレート・ガバナンスはこのような背景から生まれた概念である。

　コーポレート・ガバナンス（以下，ガバナンス）とは，直訳すると「企業統治」で，狭義には企業と株主の関係，広義には企業とステークホルダーとの関係を表す。狭義には，経営者が株主利益をいかにあげるかという議論となり，広義には，株主，さらにはステークホルダーのなかで利益配分のバランスをいかに考えて経営をすべきか，という課題を解決しようとするものであり，それに向かって経営者が行動しているかを監視するものになる。ステークホルダーとは，株主，従業員，取引先，債権者，顧客，地域社会なども含む利害関係者のことをさす。

　狭義で捉えると，会社は出資者である株主のもの，ということになり，広義でガバナンスを捉えると，経営者の監視・監督を誰がするのかという問題，それは誰が企業を統治するのか＝会社は誰のものか，という議論になる。

　ガバナンスの議論を方向付けたのは，アメリカにおける企業概念に関する議論，フォード社に対するダッジ兄弟による提訴が有名である。当時，従業員の生活向上を重視して賃金を上げていたヘンリー・フォードに対し，フォード社の大株主であるダッジ兄弟が株主利益を求めてフォード社を提訴した事件である。1919年のミシガン最高裁判所の判決は「企業は株主利益を最優先して組織され，経営される。取締役会役員の決定権はこの目的遂行の手段の選択に用いられるものであり，この目的そのものの変更，利益の減少，利益を株主に支払わないで他の使途へ向けるために利用されるものではない」とし，株主に利益を還元されることが最重要課題であることを示した。アメリカにおける「会社は株主のもの」という考え方の基礎となっている判決である[2]。

第13章 企業形態，株式会社の特徴，コーポレート・ガバナンスの変容と今日的問題

3-2 日本におけるガバナンスの議論の背景

　日本においては，アメリカとは様相が異なる。バブル崩壊以前は，三井，三菱，住友などの六大企業集団が，それぞれ所属する企業間で株式持ち合いを行い安定株主を確保しており，外部の株主から圧力をうけることがなかった。株式持ち合いとは文字通り，たとえば三井系A社が三井系B社の株式を保有し，三井系B社もまた三井系A社の株式を保有する，というものである。ほぼ同額の株式を購入するので，新株発行の場合，株式購入にかかる費用は相手による自社の株式購入代金で賄うことができる。100万円支払っても100万円払込みがある，ということである。これを三井系C，D，E…とも同様に行うことによって，実質的に資金を拠出することなく，結果として同系の会社が自社の大株主となるのである。同系企業集団の株式の多くは銀行が保有し，同系企業が資金不足で株式購入できない場合は，融資も行っていた。

　このため，ガバナンスの主体は，株式持ち合いの中心的存在である銀行（メインバンク）であり，経営目標は，他企業集団との競争で，いかに自身が所属する企業集団の売上高，シェアを獲得するか，であった。

　株式持ち合いによる法人大株主支配（同系企業＝法人が大株主である状態）は，バブル崩壊によって変化する。株価が急落するなかで持ち合い株式を保有し続ける余力がなくなり売却し，企業集団の中心で株式持ち合いを先導していた銀行（メインバンク）は多額の不良債権を抱え，貸し渋りをするなど企業と距離を置いた。これら市場に放出された株式は，一部は政府機関である「銀行等保有株式取得機構」が保有したが，大多数の受け皿となったのが，英米機関投資家である（図13-1）。機関投資家とは，生命保険・損害保険・年金基金など，加入者から資金を預かって運用する機関の総称である。英米機関投資家，特にアメリカの機関投資家は「プルーデントマン・ルール」があり，受託者は預かった資金を運用する際には，リスクを十分に考慮して慎重に行動することが求められている。そのため，受託者の資金を株式によって運用する場合，当該株式を発行している会社に対し，十分な株主利益を求めるのである。

　この英米機関投資家の台頭によって，また，この頃に企業不祥事が多発した

165

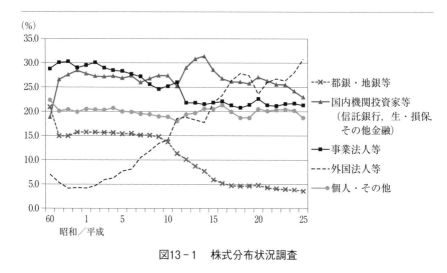

図13-1　株式分布状況調査

(出所) 東京証券取引所「平成25年度株式分布状況調査の調査結果について」

ことも相まって，日本においてもガバナンスが議論されるようになった。

3-3 英米機関投資家がもたらしたコーポレート・ガバナンス

　前述の通りガバナンスは広義と狭義に分けられるが，具体的にいうと，この時代におけるガバナンスは，経営者に株主の利益を最大化させる狭義のガバナンス「株主価値経営」と経営者に倫理的な行動をとらせる広義のガバナンス「CSR」に分類することができる。そのなかでも，バブル崩壊後は企業と株主の関係をいかに構築するか（狭義のガバナンス），に主眼が置かれていた。

　CSR については，1970年代初頭にはすでに，キャンペーン GM (「GM により社会的責任を持たせる運動」)として，事業目的を公衆の健康と安全と一致させるように定款を変更すること，取締役会に公衆の利益を代表するものを参加させること，などを求める運動があった。しかし，この時代における CSR については，ミルトン・フリードマンが以下のように批判している。

　「企業の経営者は，その所有者である株主から雇われた代理人であるにすぎず，彼に責任があるとすれば，それは雇い主に対するもののみであり，それは

第13章 企業形態，株式会社の特徴，コーポレート・ガバナンスの変容と今日的問題

雇い主の欲していること，すなわちより多くの利潤を追求することに他ならない。」

経営者に求められるのは株主利益の追求であり，環境への配慮などは行う責任がないということである[3]。この株主価値経営における企業評価は，ROE，ROA，EVA といった指標であり，株主を意識した経営，いい換えると株式市場における評価＝株価の上昇を目的とした経営に主眼が置かれた。しかし，それによりエンロン・ワールドコムの事件が起こる。

エンロン・ワールドコムの事件は，株主と経営者の利益を一致させるために行われた「ストックオプション」にあるといわれている。株主の利益と経営者の利益を一致させること，それは株価の恩恵を株主だけでなく経営者にも与えようとするもので，経営者に自社株を一定価格で買い取る権利を与えるのである。たとえば100円で買い取る権利を与えられ，経営努力によって200円に株価が上昇したら，その際に権利を行使しすぐに売却すれば差額の100円が利益となる。しかしこれが経営者に株価に執着した経営を行わせることになる。粉飾決算をしてまでも株価を上昇させ，自身の利益を求めてしまったのである。この反省のもと，サーベンス・オクスレー法（SOX法）が制定された。粉飾決算に対する罰則の強化や，当時粉飾の指南をしていたとされる会計事務所のコンサルティング業務の制限などを行うことで，このような事態にならないように法規制を強化した。しかし，この時点では「株主価値経営」そのものの見直しまでには至っていない。

3-4 サブプライムローン問題と経営原理の変化

2000年代中盤頃からの世界的なカネ余りの状況から，その受け皿として証券化商品など複雑な金融商品が組成・販売された。サブプライム層といわれる返済能力が相対的に低い層にまで，住宅ローンを組成させて購入させたのである。サブプライム層に資金を提供した背景のひとつに，上昇し続ける不動産価格があり，住宅ローンを証券化して投資家に売却することで販売会社が長期にリスクを負担しなくてもよくなったことも加わって，サブプライムローンが多数組

成，販売された。結果，サブプライム層はローンの返済が出来ず，証券化商品自体への不安が広がり，リーマンブラザーズが破綻するなど，多数の金融機関や証券会社，投資家が損失を被ることとなった。これは，機関投資家やファンドの力（資金力）が強大になりすぎて起こった問題と指摘されている。機関投資家に株主利益を求められた金融機関も証券化商品を購入していたからである。サブプライムローン問題以降，これを引き起こした「行き過ぎた株主価値経営」が見直されるようになった。

「株主価値経営」支持者は，損益計算書をみればわかるように，最終リスク負担者は株主であり，当期純利益に至るまでに取引先，従業員，債権者などさまざまなステークホルダーに分配を済ませているという。しかし，コストを削減するため正社員を減らし，非正規の従業員を増加させた「固定費の変動費化」や，取引先に対しても，さらなる価格引き下げを要求，あるいはコストの安い海外へとシフトする行動をとっており，果たして本当に利益がステークホルダーに分配されていたかは疑問が残る。これらは，機関投資家・ファンドが企業に短期的利益を求めたために起こったことである。

リーマンショック以降，株主利益だけでなく，さまざまなステークホルダーも考慮した経営（ステークホルダー価値経営）が求められるようになっている。それが，マイケル・ポーターが提唱する「共通価値経営（Creating Shared Value)」である。社会的価値の創造によって経済的価値も創造するという概念で，社会的利益と経済的利益の同時実現を求めようとする経営である。近年，大企業は「サステナビリティレポート」「CSRレポート」といった独自のレポートを公表し，この実現に向けての経営成果を報告している。

3-5 共通価値経営を実践する企業

(1) ネスレ

マイケル・ポーターは，共通価値経営を実践する企業をいくつか取り上げているが，そのひとつがネスレである。コーヒー豆の主要な生産地はアフリカや中南米の貧困地域で，劣悪な労働環境で収穫も不安定，品質も不統一という状

況であった。そこでネスレは，農法のアドバイスや苗木・農薬・肥料など必要資源の支援，銀行融資の保証などを行ってそれぞれの問題の解決をサポートした。それによって，商品の品質は向上し，収穫量が上昇し，現地農家の収入が上昇することとなった。ネスレは品質が向上したコーヒー豆を安定的に入手できるようになり，現地農家の環境改善という社会的利益とネスレの経済的利益の双方が実現されている。

(2) **株式会社パン・アキモト**

同社は1947年に栃木県に設立された，パンの製造・販売を行っている会社である。同社が1995年開発した「パンの缶詰」が特徴にあげられる。阪神淡路大震災時に支援物資としてパンを送ったが，多くが賞味期限が過ぎカビが生えてしまって食べられない状態になってしまったことを憂いた社長が長期保存できる缶詰としての形態を開発し，1996年に商品化したのである。その後企業も非常時の備蓄をする必要性が上昇し，パンの缶詰も備蓄用として購入する企業が増加していった。

しかし，問題は缶詰の賞味期限である。3年という長期にわたって保存することが可能であるが，非常時は何度も訪れることはなく，3年が経過すれば処分するしかなかった。そこで同社社長である秋元氏は，「救缶鳥プロジェクト」を立ち上げた。この仕組みは，パンの缶詰を備蓄用に購入してもらう企業に対し，賞味期限が残り1年となった缶詰を同社が引き取り，その替わりに新しい缶詰を100円引きで販売するというものである。引き取った缶詰は，食糧難で苦しむ地域や，震災・災害があった地域に無料で配布される[4]。飢餓地域や被災地域の人びとに貢献するという社会的価値と，一度限りではなく継続的に缶詰を購入してもらえるというパン・アキモト自身の経済的価値の向上の同時実現を可能にしたシステムである。ポスト株主価値経営の時代において，このような共通価値経営を実践する企業こそが，永続する企業の条件であるといえよう。

【注】
1) 具体的には，設立時，登記免許税が最低6万円であること（株式会社は15万円），株式会社設立に必要な定款認証費5万円が不要であること，合同会社は定款の作成はしても認証手続きが不要であること，などがあげられる。
2) 菊池・平田（2000）3-6頁。
3) 同様の指摘を，ロバート・ライシュ（2010）も行っている。
4) 『日本経済新聞』2009年9月10日付。

参考文献

奥村宏（2005）『最新版 法人資本主義の構造』岩波現代文庫
加護野忠男・砂川伸幸・吉村典久（2010）『コーポレート・ガバナンスの経営学——会社統治の新しいパラダイム』有斐閣
菊池敏夫・平田光弘（2000）『企業統治の国際比較』文眞堂
坂本恒夫編，現代財務管理論研究会（2011）『テキスト財務管理論（第4版）』中央経済社
坂本恒夫・大坂良宏編（2012）『テキスト現代企業論（第3版）』同文舘
Porter, M. E., and M. R. Kramer（2011）"Created Shared Value," *Harvard Business Review*, Harvard Business School Publishing.（編集部訳，2011「共通価値の戦略」『Harvard Business Review』第36巻第6号）

第14章
資金調達のマネジメント

　Mainly, companies are financed by retained earnings, debt loan, corporate bonds, and equity. Retained earnings are the accumulation of earnings from business activities. Debt loan is financing from financial agencies. Corporate bonds are loans from investors, companies that raise money on corporate bonds have to pay back principal and interest after a set period of time. Equity is a form of raising money by issuing shares.

　Which method should companies choose? That is decided by various cases, for example, information asymmetry, capital cost, and ROE.

キーワード
内部留保，借入金，社債，株式，情報の非対称性，資本コスト，ROE

1. 株式会社における資金調達の種類

1-1 資金調達方法の区分

(1)「内部金融」と「外部金融」

　企業の資金調達は，内部で調達する「内部金融」と，外部から調達する「外部金融」に分けられる。自己金融（内部金融）は，企業内部で行われる資金調達である。当期利益のうち配当されずに企業内部へ留めおかれた「内部留保」と，計上される各期においては非支出の費用となる「減価償却費」で構成される。減価償却とは，設備が古くなって価値が減っていくことを示すために行われる会計処理で，減少分は損益計算書に「減価償却費」として費用計上される。

　一方の外部金融は，企業外部からの資金調達である。具体的には，企業間信用（手形，売掛金），短期／長期借入金，社債，増資（株式発行）などである。

(2)「直接金融」と「間接金融」

　外部金融は直接金融と間接金融に分類できる。直接金融とは，証券市場を介して，株式，債券を発行し，資金余剰主体から直接資金を調達する方法であり，間接金融は，資金余剰主体の資金を，銀行など金融機関を経由して調達する方法である。

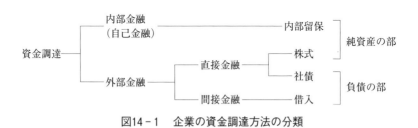

図14-1　企業の資金調達方法の分類

（出所）坂本編，現代財務管理論研究会（2011），78-79頁をもとに筆者作成

(3)「負債」と「純資産(自己資本)」

貸借対照表の負債と純資産で区分する。借入金や社債は負債の部,株式や内部留保は純資産の部に記載される。

1-2 株式による資金調達

前述の通り,企業の資金調達には,大きく分類すると内部留保,借入金,社債,株式があげられる。このうち株式は,株式会社だけが可能な調達方法で,上場すれば不特定多数からの出資をうけることができる。そもそも,株式による資金調達といっても,いくつかに分類できる。

株式会社設立の際には,払込みを受けた証明として株式を発行する。その後,追加で資金が必要になりさらに株式を発行する場合を「増資」という。増資とは,会社設立後に会社が資本金を増加させることで,増資には,株主から払込みがある有償増資と,払込みのない株式分割がある。有償増資には,既存株主に新株を発行する株主割当,特定の第三者に新株を発行する第三者割当,広く一般に株主を募集する公募に分けられる。公募増資は,株式公開を行わないとできない形態である。

株主割当増資は,既存株主を対象に募集をかけるので新規株主が入ってくることがなく,既存株主が価格面での不利益を被ることがないため,増資にあたっては自由価額での発行が可能である。株主構成の変化なく資金調達が可能であるが,資金調達額が限定されるというデメリットもある。

第三者割当増資は,特定の第三者を対象に有利発行または時価で発行され,資本提携,株主安定対策などに活用されるが,既存株主に不利益が発生するのでその点の配慮が必要になる。この増資形態は,経営再建時に使用される場合が多い。近年の例でいうと,2013年3月,シャープの経営再建時に韓国サムスン電子がシャープの発行済株式総数の3%(約104億円)を引き受けた事例[1]や,2012年6月,政府機関である原子力損害賠償支援機構が第三者割当増資により東京電力の50%超を取得した事例[2]などがあげられる。

公募増資は広く一般から時価で発行される。大量の資金調達が可能であるが,

募集見込みが不確実であり，また，株主が増加するため既存株主の持株比率の減少に注意を払う必要がある。リーマンショック後，株式相場の回復とともに，大型公募増資を行う企業が増加している[3]。

なお，株式は1株1議決権，出資額に応じた配当が基本であるが，種類株とよばれる例外的なものも存在する。たとえば，優先的に配当を受け取れる権利をもつ優先株や，逆に普通株と比較して配当を受け取る権利が劣位にある劣後株（後配株），1株で複数の議決権をもつ株式なども存在する。

優先株は，先の例でいうと第三者割当増資を行った東京電力の場合，発行された株式は「議決権あり」の株式と「議決権なし」の株式であり，機構は双方を保有している。なお，「議決権なし」の株式についても，経営改革の進捗状況によって，議決権が発生する仕組みとなっている。

一方の劣後株は，株価は普通株よりも通常割安であるため，配当ではなく多くの議決権を集めたい投資家が保有する。事例でみると，経営不振に陥ったメガネスーパーが，第三者割当増資を行って投資会社のアドバンテッジパートナーズから資金調達したことがあげられる。この際に用いられたのが劣後株で，配当よりも議決権を集めて経営再建をはかろうとした同投資会社がこの劣後株を購入したのである。

1-3 社債による資金調達

社債とは，会社が設備資金などの長期の安定的な資金を調達するために発行する債券のことである。ここでいう長期とは，返済期限が1年を超えて到来する負債のことである。株式とは異なる社債の特徴としては，元本に利子をつけて返済する必要があること，議決権は付与されないこと，残余財産分配請求権がないこと，などがあげられる[4]。

第14章 資金調達のマネジメント

表14-1 社債と株式の違い

	社債	株式
性質	債務 (負債の部・他人資本)	資本 (純資産の部・自己資本)
返済	元本償還	元本無償還
対価	確定利子	利益分配
議決権	なし	あり
残余財産分配請求権	なし	あり

(出所) 坂本, 現代財務管理論研究会 (2011), 94頁

　また，株式同様，社債にも「新株予約権付社債」や「転換社債型新株予約権付社債」といった特殊形態がある。新株予約権付社債とは，普通社債に新株予約権[5]が付与された社債で，予め定められた価格で株式を受け取る権利がえられ，その価格を払い込むことによって株式がえられる。転換社債型新株予約権付社債は，予め定められた価格で株式に転換できる社債で，交換なので新たに払込みの必要はない。両者の違いは，前者は保有者が権利行使後に社債と株式両方を保有することになり，後者は権利行使後は株式のみ保有するという点である。

1-4 借入金による資金調達

　借入金は，金融機関からの融資である。すぐに資金を調達できるというメリットがある反面，過度に依存すると，元本や利子の延滞・不払いにより倒産に至るリスクがある。返済の期間によって，短期借入金と長期借入金に分けられるが，その基準は1年である。企業が取引している銀行のなかで，もっとも関係の深い銀行のことをメインバンクといい，メインバンクは，当該企業による借入金額がもっとも多い，企業の大株主になっている場合がある，役員など人材派遣を行っている場合がある，経営再建時には主導的役割を果たす，といった特徴があげられる。戦後，金融機関が果たす役割は大きく，企業に対して特に強い影響力をもっていたが，近年は金融機関に依存しない経営（無借金

経営）を行う企業も多数存在するようになっている。

1-5 内部留保の活用

　損益計算書の構成は以下の通りである。売上高から売上原価を引いて売上総利益，そこから従業員の給料や広告宣伝費，減価償却費などの販売費及び一般管理費を引いて営業利益が算出されている。営業利益から本業以外の損益を加減し（営業外収益，営業外費用），その期限りの損益を加減し（特別利益，特別損失），最後に法人税などを支払い，当期純利益が算出される。内部留保とは，企業が稼いだ利益の蓄積であり，当期純利益から配当金を支払った残額である。つまり，配当額を決定することは同時に内部留保額が決定するということになる。

　どのように配当政策をとるかという問題に対しては，事業への再投資に充てるための内部留保額とのバランスで決定されるが，ROEとの関連で行われる場合もある。ROEとは，Return on Equityの略で，株主資本比率（自己資本比率）とよばれ，当期純利益／株主資本×100で計算される。これは，株主から預かった資本を用いて，いかに効率よく利益を出しているのかを示す指標であり，ROEが高いほど，株主が投資した元手となる資金に対して，多くの利益を生んでいることになる[6]。そのため，英米機関投資家は，この指標を投資に見合ったリターンを得られているかを計測するものとして重視している。

　現在，日本企業の大株主は英米機関投資家が全体の30％を占めており，これら株主の影響は大きい。前章で言及したように，英米機関投資家は受託者責任を果たすため，企業に株主利益を求める。株主利益のひとつが配当であり，再投資して収益をあげられる見込みがない場合は，十分な配当を企業に要求するのである。そのため，株式持ち合いによる六大企業集団時代のように，低位安定配当では投資家から批判が出てくる可能性あり，純利益がマイナスであっても，配当が支払われることもある。

2．資金調達手法の検討

2-1 情報の非対称性からの検討

　企業がどのように資金調達手法を検討するかについて考察したものに，ペッキング・オーダー理論がある。これは，経営陣と投資家の間に情報の非対称性（情報の差）がある場合，企業の資金調達は，内部資金→借入金→社債→株式の順で優先されるというものである。

　基本的に，研究開発や新規事業の展開計画など，会社の内部情報は競合他社に知られないよう，社外に出さないようにする。多額の資金が必要となった時，最初に検討されるのが，内部留保である。これは，自社内で活用できる資金であるため，資金調達の際に内部情報が漏れる心配はない。ただし，多額の資金を留保できている場合は多くないと考えられる。そこで次に検討されるのが，金融機関からの借り入れである。なぜなら，内部情報を伝えるのが金融機関のみだからである。金融機関に対しては，「今後このような事業を行ってこれだけの利益が見込めるので，そのために現在これだけの資金が必要である」という説明を行って，審査が通れば融資をうけることができる。

　内部留保もなく，借入金による資金調達が困難な場合，社債や株式による資金調達が検討される。これらの資金調達，特に不特定多数への出資を募る公募増資（株式による資金調達）を行う場合には，前述のような事業計画と収益計画を公表して，投資家から資金を募る必要がある。この段階で，多くの情報を出さなければならないのである。このような事情が，資金調達を行う際には内部資金がもっとも優先され，最後の手段として株式を発行するという誘因となっている。

2-2 資本コストからの検討

　前述の通り，株式会社の資金調達方法には，内部留保，借入金，社債，株式がある。借入金，社債は他人資本であり，内部留保，株式は自己資本（株主資

本）である。どの資金調達方法を選択するかは，いくつかの判断基準があるが，重要なのは「資本コスト」という概念である。資本コストとは，企業が資金調達を行う際にかかるコストのことであり，他人資本にかかるコスト（有利子負債資本コスト）と自己資本にかかるコストに分類できる。

　有利子負債コストとは，借入金にかかる金利，社債にかかる利子である。この金利・利子のコストは明確であるが，株主資本（自己資本）にかかるコストとは何か。それは，株主資本コストである。株主資本コストとは，預金・社債などさまざまな投資先があるなかで自社の株式を購入してもらうためには，リスクの無い金融商品（国債）の利回りを上回るリターンを投資家に還元しなければならず，それをコストとして認識する，というものである。株主の期待収益率といいかえることができる。たとえばリスクフリーとの位置付けとなる国債よりも低い収益率の株式であれば，投資家からみればその株式ではなく国債に投資をした方が良いということになる。収益率が同じであれば，倒産確率（デフォルトの確率）が低い国債に投資すべきだからである。株式会社は配当の支払いさえすればそれで株主に報いているわけではないのである。

　では，株式にはどれくらいの追加の利回り（リスクプレミアム＝国債利回りに追加する分）が必要か。この株主資本コストは，下記の式で計算される。

株主資本コスト＝リスクフリーレート（国債利回り）＋
　　　　　　　リスクプレミアム（倒産リスク）×β

　一般的に，国債利回りをリスクがない（倒産しない）ものとして扱い，リスクプレミアムは，3～5％程度が必要とされている。β（ベータ値）とは，対象企業が属する業界のリスクの高低を考慮するものである。株式市場全体の動きにどれだけ連動するかを表したもので，1より大きい時は市場全体より株価の値動きが大きい，1より小さい時は市場全体より株価の値動きが小さいことを表す[7]。

　なお，内部留保にもコストがかかると考えられる。配当せずに内部留保した

場合，運用益をあげられる（利益をあげられる）ものに投資をしなければ，「配当した方が良い」と投資家から批判されるので，この点もある意味での「コスト」と認識する必要がある。

それぞれの資本コストを市場価格で加重平均して全体が求められる。これが，加重平均資本コスト（WACC：Weighted Average Cost of Capital）である。

WACCは，下記の式で算出される。

$$WACC = \frac{有利子負債額(D)}{有利子負債額(D) + 株主資本額(E)} \times 有利子負債資本コスト(Rd) \times (1 - 税率(t))$$
$$+ \frac{株主資本額(E)}{有利子負債額(D) + 株主資本額(E)} \times 株主資本コスト(Re)$$

有利子負債資本コストと株主資本コストを考慮して，実際はどのように計算されているのか。この概念が考慮されている有名な指標に，EVA（Economic Value Added：経済付加価値）がある。EVAは，スターン・スチュワート社が開発した指標で，下記のように算出される。

EVA＝税引後事業利益(NOPAT)－加重平均資本コスト(WACC)
　＊税引後事業利益（NOPAT：Net Operating Profit After Tax）
　　＝税引後営業利益＋金融収入

EVAを活用して成功した事例に，花王がある。同社は1999年にEVAを導入している。同時期に経営改革の必要性を感じていた経営陣が早い時期から導入しているが，この効果として在庫効率やROEが改善したとのことである[8]。一方でEVAがマイナスに影響したというソニーの事例もある。資本コストを無視して無謀な投資を止める役割がある一方で，同社の場合は，EVAを高めるために必要な先行投資まで止めてしまい，将来につながる技術の開発が滞っ

てしまったとのことである[9]。

2-3 ROEからの検討

　前述のように，現在もROEが重要な指標として用いられている。この数値が低いと，株式市場からの評価が下がり，株価が下がる。会社の価値は，上場企業であれば，発行済株式総数×株価で計算されるため，株価の下落は会社の価値を下げることになる。現在の米国では，ROEは10～15％程度であり，20％以上をあげている企業も多い一方で，日本は4～6％程度でしかない。ROEをあげるためには，以下の3つの方法が主に考えられる。

- 利益をあげる（分子を大きくする）
- 増配する（分母を小さくする）
- 自社株買いを行う（分母を小さくする）

　ROEは当期純利益／株主資本で計算されるので，当然分子の当期純利益を大きくすれば，ROEは上昇する。しかし，売上げ，利益がなかなかあがらない現代において，分子を大きくすることが難しい。そこで検討されるのが，ROEの分母を小さくすることである。そのひとつが増配（配当の増額）である。前述の通り，売上げから諸経費などを差し引きした最終的な利益が当期純利益である。そこから配当を支払い，残りが利益剰余金として内部留保される。利益剰余金は貸借対照表の純資産の部に計上される，株主資本の項目のひとつである。内部留保額を大きくすることは，株主資本を大きくするということであり，それに見合った収益が得られなければ（＝ROEの分子である当期純利益があがらなければ），ROEが下落することになる。そこで，将来の収益が見込める投資先がない場合は，内部留保ではなく配当をした方がよいということになる。

　もうひとつの分母を小さくする方法は，自社株買いである。自社株買いとは，文字通り自社の株式を自社が買い取ることである。これは，市場に出回りすぎた株式を買い戻し，需給のバランスを改善するために，またはROE向上のためにも行われる。株式を発行すれば貸借対照表の純資産の部，株主資本の項目のひとつである資本金が増加する。株主から多額の資金を調達しておきながら

利益があげられなかった場合，分母である株主資本が大きくなり分子の当期純利益が小さくなるので，ROEは下落してしまう。これを回避するため，自社株買いを行い，分母である株主資本を減少させるのである。

また，株式による資金調達がよいのか，負債による資金調達がよいのかを検討する時，ROEとの兼ね合いで決定される場合がある。ROEは，下記のように分解することができる。

ROE＝売上高当期純利益率×総資本回転率×財務レバレッジ
- 売上高当期純利益率（％）＝当期純利益／売上高×100
- 総資本回転率（回）＝売上高／総資本
- 財務レバレッジ（％）＝総資本／株主資本×100

ROEをあげるためには，それぞれの数字をあげればよい。売上高当期純利益をあげるためには，経費節減によって当期純利益をあげることが求められる。

総資本回転率は総資産回転率ともよばれ，投下資本（資産）が売上高を効率的に生み出しているかという指標である。単位は「回」で，計算結果が1回であれば，購入した資産額と同額の売上高である，とみることができる。設備投資先行型の企業であれば，資産に対する売上高は低くなるので，1回を下回ることが多い。比率をあげるためには，売上げをあげる，あるいは総資本（資産）を減らすことが求められる。

財務レバレッジとは，株主資本比率（自己資本比率）の逆数で，レバレッジとは「てこ」のことである。この比率をあげるためには，総資本を増やすこと，といっても株主資本ではなく負債を増やし，相対的に自己資本を減らすことで，この比率を上昇させることができる。ROEの向上を求める際に，財務レバレッジを活用する場合は，自己資本だけでなく，他人資本も組み入れる，いい換えると，株式による資金調達だけでなく，借入金や社債といった負債による調達も行うことが重要となってくるのである[10]。しかし，過度な負債による資金調達は，返済の負担が上昇することはもちろん，それが原因での倒産の危険性

が上昇するため,注意が必要である。

　逆に,株式による資金調達も,ROEの問題だけでなく,支払配当額の増加や既存株主の議決権の希薄化といったこともあるため,過度な発行は好ましくない。このように,どの資金調達を選択するかは,さまざまな角度から検討されることである。

【注】
1 ）『日本経済新聞』2013年3月29日付朝刊。
2 ）『日経産業新聞』2012年6月28日付。
3 ）事業会社ではANA,日立,マツダなど,金融系では三井住友フィナンシャルグループ,みずほフィナンシャルグループ,三菱UFJフィナンシャルグループなど,多く大企業が2009年以降に公募増資を行っている(『日本経済新聞』2013年2月1日付夕刊)。
4 ）また,投資家は償還期限以前でも時価で売買できる。ただし,途中換金した場合,元本は保証されない。
5 ）株式会社に対して行使することにより当該株式会社の株式の交付を受けることができる権利。
6 ）ROEが高いと高配当や株価上昇が期待できる。逆にROEが低いと低配当や株価低迷が予想される。なお,ROEの分子は,営業利益等が使われる場合もある。
7 ）βの信頼性が疑わしいことが実証研究で明らかになっているが,株主資本コストを計算する(考える)単純化したモデルとして利用されている(『1からのファイナンス』200頁)。
8 ）『日本経済新聞』2008年10月17日付朝刊。
9 ）『日本経済新聞』2011年10月16日付朝刊。
10）負債による資金調達には,節税効果も期待できる。なぜなら,負債にかかる金利・利息といったコストは,損益計算書の営業外費用として差し引かれ,その分利益が減少するので,法人税の対象となる利益額が減少するのである。

参考文献

榊原茂樹・岡田克彦編(2012)『1からのファイナンス』碩学舎
坂本恒夫,現代財務管理論研究会(2011)『テキスト財務管理論(第4版)』中央経済社
坂本恒夫・大坂良宏編(2012)『テキスト現代企業論(第3版)』同文舘
保田隆明(2008)『企業ファイナンス入門講座』ダイヤモンド社

第14章　資金調達のマネジメント

保田隆明（2008）『いちばんやさしいファイナンスの本』日本能率協会マネジメントセンター
若杉敬明（2011）『新版　入門ファイナンス』中央経済社

第15章
情報のマネジメントの展開

　In this chapter, as an overview of the IT industry, we will look at the IBM case. IBM was originally an office equipment maker, manufacturing and selling the punch card system. When the main frame computers were first introduced in the United States, the company did not advance into this field because of uncertainty of its value. However, on learning of the development of the UNIVAC system, Thomas J. Watson decided to advance into this market, issuing a presidential decree. Therefore, IBM became just an ordinary computer maker. The computer itself was a mature technological device. IBM was able to develop a compatible computer in less than a year. In entering the mini-computer market, IBM used three main strategies. The three were: using the brand identification of its main frame market; having an open architecture; and reducing prices by outsourcing of parts. This strategy worked. However, because of the open architecture and outsourcing strategy, it encouraged other companies to enter the market, and IBM was not able to take the initiative in the market for long.

キーワード
IT産業，革新，コンピュータ，ソフトウエア，ネットワーク

ムーアの法則（Moore's law，Gordon Moore が1965年に経験則として提唱した「半導体の集積密度は18から24ヵ月で倍増する[1]」という法則）に示されているように，情報関連の技術進化はめざましいものがあり，その技術はさらに企業活動の幅を広げ，経済発展の原動力となっている。その成長性を示す資料のひとつとして，世界情報サービス産業機構（WITSA）の「Digital Planet」によると，世界の情報サービス市場（後述のICT産業の売上高）は，ここ10年間で倍増している。

　ところで，こうした情報分野で日常よく使われている言葉に，IT（Information technology）がある。同語は，日本語で「情報技術」とよばれ，情報を伝達するための装置や技術を指す。具体的には，コンピュータのソフトウェアやハードウェアさらに，ネットワークや携帯電話技術などを含む，情報処理関連技術の総称である。

　「IT産業」とは，こうした情報通信技術に，何かしらの形で関係している経済活動のことを示す言葉である。厳密に定義された言葉ではないため，あいまい性を含んでおり，幅広い解釈がなされている。また，近年の社会環境変化や情報技術の発達により，企業のドメイン[2]が拡大し，「IT産業」の言葉をさらにあいまいなものにしている[3]。

　なお，ITに類似の語としてICT（アイシーティ，Information and Communications Technology）が2000年代半ば以降，総務省をはじめとする行政機関，公共事業などで用いられている。情報処理および情報通信の総称で，概念として区別されることはないが，通信・伝達・交流といった「コミュニケーション」要素をより強調した呼び名である。

　わが国の産業分類を定めた総務省告示「日本標準産業分類（Japan Standard Industrial Classification）」のなかでは，IT産業は「情報通信に関する事業」と，「製造業の一部」で構成される。

第15章　情報のマネジメントの展開

表15－1　日本産業中分類のなかの IT 産業（筆者抽出）

大分類	E	製造業
中分類	28	電子部品・デバイス・電子回路製造業
	280	管理，補助的経済活動を行う事業所（28電子部品・デバイス・電子回路製造業）
	281	電子デバイス製造業
	282	電子部品製造業
	283	記録メディア製造業
	284	電子回路製造業
	285	ユニット部品製造業
	289	その他の電子部品・デバイス・電子回路製造業
中分類	29	電気機械器具製造業
	290	管理，補助的経済活動を行う事業所（29電気機械器具製造業）
	291	発電用・送電用・配電用電気機械器具製造業
	292	産業用電気機械器具製造業
	293	民生用電気機械器具製造業
	294	電球・電気照明器具製造業
	295	電池製造業
	296	電子応用装置製造業
	297	電気計測器製造業
	299	その他の電気機械器具製造業
中分類	30	情報通信機械器具製造業
	300	管理，補助的経済活動を行う事業所（30情報通信機械器具製造業）
	301	通信機械器具・同関連機械器具製造業
	302	映像・音響機械器具製造業
	303	電子計算機・同附属装置製造業
大分類	**G**	**情報通信業**
中分類	37	通信業
	370	管理，補助的経済活動を行う事業所（37通信業）
	371	固定電気通信業
	372	移動電気通信業
	373	電気通信に附帯するサービス業
中分類	38	放送業
	380	管理，補助的経済活動を行う事業所（38放送業）
	381	公共放送業（有線放送業を除く）
	382	民間放送業（有線放送業を除く）
	383	有線放送業
中分類	39	情報サービス業

中分類	390	管理,補助的経済活動を行う事業所（39情報サービス業）
	391	ソフトウェア業
	392	情報処理・提供サービス業
中分類	40	インターネット附随サービス業
	400	管理,補助的経済活動を行う事業所（40インターネット附随サービス業）
	401	インターネット附随サービス業
中分類	41	映像・音声・文字情報制作業
	410	管理,補助的経済活動を行う事業所（41映像・音声・文字情報制作業）
	411	映像情報制作・配給業
	412	音声情報制作業
	413	新聞業
	414	出版業
	415	広告制作業
	416	映像・音声・文字情報制作に附帯するサービス業

　本章では，こうした発展のめざましいIT産業について，その生成と発展を史的に概観しながら，その代表的な企業であるIBM（International Business Machines Corporation）の事例を取り上げていくことで，企業経営とはどのようなものであるか，取り巻く環境変化とともに見ていくこととする。

　なお，本章でIBMを事例として，取り上げた理由は2つある。ひとつはコンピュータ市場への進出の遅れがあったにもかかわらず，ブランドを築き上げたIBMの経営活動を検討することで，経営戦略のあり方を検討できること。2つめに絶大な影響力をもったIBMの過去を分析することで，情報関連産業界の流れをとらえようと考えたことである。おもに取り上げる年代については，1930年代から1980年に限定する。

1．IBMを取り巻く環境の変化

1-1　IT産業の黎明期

　IT産業の発達は，軍用コンピュータの発達とともにはじまる。1946年に世界初とされるコンピュータ「ENIAC（エニアック）」は，ミサイルの弾道計算用に米国で開発されたものである[4]。

第15章 情報のマネジメントの展開

　その後，コンピュータは商用利用されることになる。エッカート・モークリ社が多用途に開発したUNIVAC Ⅰ（ユニバック）という機械を，レミントン・ランド（現Unisys）が発売，第1号機が1951年に米国の国勢調査局に納入された[5]。引き続いて翌年，2台の同機が完成して政府に納入され，さらに3台の追加注文を受けた。その後，わが国にも導入されており，東京電力では昭和40年ごろまでデータ処理に使われていた。このようにして，コンピュータは政府機関のほか，民間で使われはじめた。このコンピュータの作動は，記憶されたプログラムを実行する方式で，大量のデータ処理を行うためのものであった。

1-2 半導体（部品）の発達

　初期のコンピュータは真空管が部品として使用されていたが，消費電力が高く熱も発生して故障しやすく不安定であった。1947年，ベル研究所において，ウィリアム・ショックレーとほか2名が，真空管に変わる部品「トランジスタ」を開発すると，真空管に比べ消費電力が小さく寿命が長いという性質から，その後急速に普及することになる[6]。

　さらに1958年，テキサス・インスツルメンツの技術者であったジャック・キルビーはIC（集積回路，Integrated Circuit）を考案し，トランジスタやコンデンサ，抵抗など含めた回路の一体化を可能にする。つまり電子回路の集積化が可能となり，同時にコンピュータの小型化，高密度化を推し進めていった。

1-3 インターネットの開発と広がり

　1969年，ARPA（米国防省高等研究計画局）は，軍事技術の研究情報交換と核戦争時のコンピュータ同士の接続を目的として，大学間をコンピュータで結び，相互に通信可能になるための研究を始めた。ARPANET（アーパネット）とよばれ，インターネットの起こりとされる。通信の方法として，サンタモニカのRand（ランド）研究所のポール・バランが1964年に発表したパケット通信（packet communication）方式がとられた。

　その後，スーパーコンピュータやネットワーク対応のコンピュータが現れる

と，研究利用の急速な増加がはじまり，1980年代には民間にも接続されるようになる。このころから，「インターネット」という言葉が使われ，1983年にはコンピュータが通信するプロトコル（通信規約）にTCP/IPが使用された。その技術開発者ケン・トンプソンが1984年に技術開発・公開，1990年には商用の利用も認められたため，電話回線などを利用してインターネット接続を提供する商用ISP（Internet Service Provider，インターネット・サービス・プロバイダ）も次々と誕生し，個人でもインターネットの利用が可能になった。

2．IBMの台頭

こうした新しい技術が次々と出てくる経営環境のなかで，IBMはコンピュータビジネスに参入し，盛衰を経験する。

もともとIBMは，事務用機器メーカーで，パンチカード式計算機械[7]を主力にして，政府機関を中心に納入していた[8]。創業者のトーマス J. ワトソン Sr. はセールスマンが重視されていない時代に，頭を使うセールスで売上げを拡大した[9]。なお，同機械の販売において，「レンタル方式」がとられ，導入後の技術的なサービス提供をも受けることが可能となった結果，ユーザーの利便性は大幅に向上し，また同時に他企業に対して高い参入障壁を形成することになった。

1930年代に入ると，政府機関などからパンチングカード式計算機械に対する需要が急増する。このためIBMは，電子計算機の開発・販売では出遅れていたが，1956年CEOになったトーマス J. ワトソン Jr. が，メインフレームコンピュータ市場[10]の動向を敏感に感じ取り，積極的に投資を拡大していく[11]。パンチカード式計算機械時代に培った政府機関との関係や販売，経営のノウハウを駆使して，台頭していくことになる。

さらに，IBMは1960年代前半に，科学技術用としてFORTRANというプログラミング言語[12]を開発した。これらはその後国際規格になり，汎用コンピュータでの標準的プログラミング言語として広く普及する。

第15章 情報のマネジメントの展開

　そうした背景のなか，1964年に発表されたSystem/360はICを採用，業界で初めて本格的なOS（OS/360，基幹となるソフトウェア）を搭載していた。そして同機は上位機種と互換性をもったコンピュータで，ソフトウェアはもちろん周辺装置を共通に使えるようになっていた[13]。さらに，こうした革新性を強調する強力なマーケティングにより，競争企業を圧倒した。また，同社はコンピュータの販売方式においても「レンタル方式」を継続したが，ハードウェアだけではなくOSを含むソフトウェア，メンテナンス，技術指導を一括でレンタル価格に含めて，パッケージとして販売していた。こうした戦略によって，IBMはメインフレーム（大型汎用機）市場でも急成長をとげ，同市場でブランドを築き上げることになる。1960年には，メインフレームコンピュータ産業は，すでにIBMと残り7社という構図になっている。1960年の後半には，世界のメインフレームコンピュータ市場の4分の3をIBMが占めており，同社以外のシェアはそれぞれ2％から5％であった。

2-1 ソフトウェアという価値の誕生

　1969年，アメリカ司法省は，IBMによる「レンタル方式[14]」を反トラスト法（独占禁止法）違反であるとして，公正取引委員会に提訴した。一企業による市場の寡占支配は競争を阻害し，技術の発達を遅らせることになるという判断である。IBMはただちに和解し，一方的にアンバンドリング（価格分離）政策を発表する。このアンバンドリングとは，コンピュータシステム全体のレンタル価格体系が，ハードウェアとソフトウェア，そしてサービスなど個々の別立て料金体系として分離したものである。

　この一連の政策により，ここにソフトウェアはハードウェアに付随するものではなく，それ自身が価値をもつ独自の商品として自立していくことになった[15]。

2-2 メインフレームからミニコンへ

　メインフレームコンピュータ（大型汎用機）で成功していた IBM であったが、ミニコン市場[16]では成功していなかった。同市場は DEC が1960年代中頃に開拓した市場[17]で、IBM も1969年には市場に参入を開始したが、10年を経過した1980年時点でも市場シェアは４％程度であった。さらに、1970年代後半期における市場の飛躍的成長と性格変化を前にして[18]、パソコン市場へ参入する必要があることは IBM 社内においても強く認識されていた[19]。このため IBM はパソコン事業への参入の遅れを取り戻すため、これまでの官僚的で開発スピードの遅い組織体制[20]を見直し、IBU（Independent Business Unit、独立事業部）方式で商品開発に当たった。商品開発から製品の発表まで１年間という短い期間でプロジェクトを進めたためである。その中で検討されたことは、CPU や OS といったパソコンにとっての基幹的構成要素を新規に一から開発することは開発期間の長期化や製品の高価格化につながることを敬遠し、既存の市販製品から外部調達することであるといわれている。外部調達に関しては、周辺的機器に止まらず、パソコンの中心となる技術要素に関しても、OS をマイクロソフト社から、CPU をインテル社からというように行っていた。

2-3 後発者としての戦略

　IBM は、パソコン市場に遅れて参入したこともあり、IBM-PC に関して技術情報や仕様を別売りの技術マニュアルで公開するというオープン戦略を取る。これは、IBM が市場でのシェア獲得のため、IBM PC に対応した数多くのソフトウェアや安価な周辺機器が数多く速やかにサードパーティより開発されることを望んだことや、独禁法に対する対応との関係もあったといわれている。そして IBM 営業部とはまったく無関係に、コンピュータ・ランド、シアーズロウバックなど小売店と販売契約をむすび、個人へ大量の販売を可能にする販売チャネルを確保した。

　結果として、IBM 社の予想を超えた IBM PC の大きな成功によって、皮肉なことに、IBM 互換機という新たな市場が大きく成長することになった。

すなわち，この外部調達戦略は後にマイクロソフト社のOS依存を深め，そしてオープンソース戦略からは，他社からの安いコンピュータの出現に悩まされるという結果がもたらされることになる。他メーカーは，巨額な費用をかけて著作権問題をクリアした互換BIOSを開発することを可能にしたのである。本家のIBMよりも性能の高い互換機を低価格で発売されたため，これまで同社は，米国では50％以上のシェアをもっていたのが，次第に互換機に押されて首位の座を失ってしまった。同時にマイクロソフト社がつくったOSは，互換機が普及するにともなって，デファクトスタンダードとなり，たった3年間で世界市場の90％以上を占めることになる。さらに，そのOSを発展させた「Windows」をマイクロソフトが発売すると，その利便性からも個人用途に広くコンピュータが使われていくことになる。

2-4 IBMと日本[21]

　IBMの日本への進出は，森村商事とパンチカード・システム販売で日本代理店契約を結んだ1925年にはじまる。1937年には，IBMの日本法人「日本ワトソン統計会計機械」が設立され，同社が日本で活動していくことになる。その後，第2次世界大戦で活動は中止されるが，戦後の1950年には日本インターナショナル・ビジネス・マシーンズとして正式に業務を開始した。同社からの機械IBM650は1958年に日本原子力研究所で，59年にはIBM704が気象庁で機動している。

　さらに，IBMはコンピュータの日本での現地生産を実現することが課題となっていたが，日本政府は1955年以降国産コンピュータの保護育成から，現地生産の手続きを渋っていた。他方で，日本のコンピュータメーカーにとって，IBMのもつ特許が商業生産を展開する際に問題になっていた。生産をする際に必ず関わってくる主要な特許が30件は確立していたといわれている。ただ，IBMはそうした自社の技術を他社に公開しない世界的な方針をもっていた。こうした事情から，1960年，通産省（現 経産省）は同社に対して現地生産を許可する手続きをとる代わりに，日本メーカーに対する特許の公開を求め，2つ

の懸案は基本的に合意した。

　1961年，さらに通産省の指導のもと，日本企業がコンピュータ事業を成り立たせるために，日本メーカー7社の共同出資によりレンタル代行機関日本電子計算機を設立した。ただ，この60年代，コンピュータ納入台数の60％近くが外国製の輸入コンピュータで，納入金額ベースでは80％を占めていた。こうした状況もあり，政府主導で，矢継ぎ早にコンピュータ育成政策が打ち出されていくことになる。

3．IBMの経営行動

　本章では，コンピュータのはじまりから，その環境変化，特に技術的な変化を概観し，そのなかでIBMがどのように経営活動を行ってきたかをみてきた。ここでは，いまいちどIBMの経営活動を振り返ることで，事例の締めくくりとする。

　IBMは，メインフレームで市場進出の遅れを経験したことから，その販路，サービス体制といった経営資源を活かしていくことで，メインフレーム（大型汎用機）市場で頭角を現していく。特に，特殊用途であるこの市場において，サービスを含めた「パーケージ」されたレンタル方式の販売を行うことで，ユーザーの利便性を図り，他企業との差別化を図っていった。また，このレンタル方式は，資本がかかるために，他企業の参入障壁にもなっていた。

　ただ，こうしたメインフレームでの成功経験は，小型コンピュータ市場での進出に足かせとなり，同市場において同じ後発という轍を踏む。しかし，組織体制を見直し，小型コンピュータを短期開発することで，市場を席巻する。もちろん，こうした背景には，メインフレームで培ったブランド力があったのはいうまでもない。ただ，こうした成長のための戦略，オープンソース化とCPUやOSの外注政策が，安価な相互機の出現に悩まされ価格競争にはまっていくのであった。

第15章　情報のマネジメントの展開

【注】
1) 半導体の集積密度は，直接性能に関わってくるため，実際には「性能は指数関数的に向上していく」ことになる経験則として，用いられている。
2) 企業活動の範囲や領域のことを，企業ドメインという。その企業の理念や強み，市場ニーズなどに応じて設定され，経営資源が投入されることになる。
3) これまでは，「IT産業」について，3つの分類「ハードウェア産業」「ソフトウェア産業」「情報サービス産業」がよく用いられていた。
4) 同機は真空管という部品（計算処理の役目を担っている）を18,000本使用し，重量27t，幅30m，消費電力150kwという巨大な機械であった。なお，同機の処理は，特定の計算に対して，機械全体のコネクタを差し替えることで対応していた。
5) 1952年おわりに，レミントン・ランドは，UNIVACの一大広告を行う。同機を使って大統領選挙の結果予測を行ない，CBSテレビ・ネットで放映したのである。選挙結果を，紙一重で予想し，誰もがコンピュータというものを知ることになった。
6) また他方で，トランジスタの原料となるシリコンの開発により，より安定的な部品として，トランジスタが認識されるようになる。
7) パンチカードとは，穿孔されたカードをソート，マージなどと仕分けして集計するなどの処理を行う機械で，その計算結果を，印刷したり，新しいカードに穿孔したりする処理も行う。このパンチカードシステムは，1950年代までに，米国では広く普及している。第二次世界大戦以降，経済の活況により需要が増大したのである。
8) コンピュータ産業に参入した企業は，3つのタイプに分けることができる。電子機器および制御装置メーカー（RCA，GE，レイセオン，フィルコ，ハニーウェル，ベンディックスなど），事務機器メーカー（IBM，レミントン・ランド，バローズ，NCR，アンダーウッド，モンロー，ロイヤルなど），起業家によるベンチャー企業（100万ドルといった資金で設立された企業で，多数は競争に耐えられず消えていく）である。
9) 多くの人々に知られているワトソン考案のモットーに「THINK」がある。
10) 1960年代当時，コンピュータといえば「メインフレームコンピュータ（大型汎用機）」とよばれる大型コンピュータであった。ビルのワンフロアを占拠するような巨大な装置であった。これに対して，1960年代から90年代頃まで存在したコンピュータ製品に，「ミニコン」がある。当時の「大型」コンピュータより小型で安価なコンピュータのため，こうした製品カテゴリーでよばれた。用途としては大学や研究所での科学技術計算，企業などでの事務処理に使われた。
11) 1951年，国勢調査局におけるUNIVACの実働開始を知ったIBMは3つのコ

ンピュータプロジェクトを全開で進めていくことになる。当時を振り返るワトソンの話によると「1つだけはっきりわかっていたことは，ビジネスで負けつつあるということだった」状況であったという。その後，彼のワンマン的な経営スタイルでもって，全社を挙げコンピュータへ注力していった。

12) コンピュータに対して，動作手順，方法，内容などを指示するために用いられる，人工的に作られた言語のことである。

この時IBMは，このFORTRANの発明者ジョン・バッカスの写真を広告で大きく掲載して，同社のソフトウェア技術とアドバンテージを宣伝している。

13) 当時，IBMが顧客に提供していたソフトウェアの数が膨大に増加する一方であったため，同社のコンピュータのモデルの増加は，社内に混乱を引き起こすことになる。こうした理由もあってIBMの機種間で互換あるコンピュータの開発に乗り出す。

System/360の製品発表においては，フォーチュン誌の記者が以下のように書いている。

この新しい360は，現在ある他のすべてのコンピュータを全部時代遅れにしてしまう…。それは，まるでゼネラルモーターズが現在の全車種，前モデルをきれいさっぱり捨てて，革新的な設計によるエンジンと斬新な燃料で，ただひとつの新しい系列で，あらゆる需要に応えられようとしたのと同じである。

14) IBMは，トータルサポートとして，ハードウェア，ソフトウェア，システムサポートのすべてをひとつのパッケージとしてバンドルし，ユーザーに提供（販売・レンタル）していた。つまり，ユーザーはコンピュータ機器の代金を払うことで，プログラムとユーザーサポートを受けられた。

15) パッケージソフトウェアの市場が生まれることになり，コンピュータメーカーも激しい競争に飲み込まれることになる。

16) 低価格ICの出現により，1970年初めにミニコンピュータメーカー（DEC，データ・ゼネラル，ゼロックス・データシステムズなど）を，もたらした。つまり，小型で安価なコンピュータの製造が可能となっていった。

17) 1960年，DECが売り出したコンピュータ「PDP-1」は，メインフレームコンピュータ価格の5分の1から10分の1の価格であった。その低価格の実現は，科学技術用のマーケットにターゲットを絞ったためであり，周辺機器，ソフトウェア，マーケティングを必要としない顧客を相手にしてコストダウンをはかった。1975年初めには，最初のホビー用コンピュータ「アルティア8800」が発売され，パーソナルコンピュータの市場ができあがっていく。そのなかで，Appleやマイクロソフトといった企業が出てきたのである。

18) 1976年，IBMはメインフレームでの世界シェアは3分の2をつかんでいたが，世界のコンピュータ全体に占めるシェアは50％に低下していた。1985年になると，そのシェアは25％に落ちていく。これは，コンピュータ市場が急速に

第15章 情報のマネジメントの展開

拡大していたからである。その証に，IBMは1970年代から1980年代の前半にかけて，15％から20％の率で成長している。
19) 上級マネージャーのウィリアムC.ロウが，IBM首脳部に過激な計画のプレゼンテーションを行っている。その内容は，IBMはパーソナルコンピュータ市場に参入すべきであることと，その市場に対応するためには，従前の開発プロセスを捨てなければいけないということである。驚くことに，彼の提案はすべて採用され，12ヵ月以内にパーソナルコンピュータを市場に出すことになった。
20) 当時のIBMでは，通常の新製品開発には短くても3年から4年の期間がかかっていたようだ。
21) わが国では，パラメトロン式コンピュータの開発は1950年代半から60年代にかけて盛んに行われたが，パラメトロンはトランジスタに比べて処理速度が遅いため，1960年代半ばから姿を消すことになった。

参考文献

セルージ，ポール E.著，宇田理・高橋清美監訳（2008）『モダン・コンピューティングの歴史』未來社

キャンベル - ケリー，マーチン・ウィリアム，アスプレイ著，山本菊男訳（1999）『コンピューター200年史—情報マシーン開発物語』海文堂出版

武田晴人編（2011）『日本の情報通信産業史』有斐閣

クリンジリー，ロバート X.,著，薮暁彦訳（1993）『コンピュータ帝国の興亡』上巻・下巻，アスキー出版局

情報処理学会歴史特別委員会編（1998）『日本のコンピュータ発達史』オーム社

情報処理学会歴史特別委員会編（2010）『日本のコンピュータ史』オーム社

嘉村健一（1993）『米コンピュータ企業の興亡：パソコン起業家達のサバイバル戦略』電波新聞社

ザカリー，G. パスカル著，山岡洋一訳（1994）『闘うプログラマー〈上・下〉—ビル・ゲイツの野望を担った男達』日経BP出版センター

【索　引】

■あ行■

ICT　186
IT　186
アクティブ・ラーニング　114
ROE　176, 180, 181
イノベーション　80
EVA　179
インターナショナル　101
インターネット　189, 190
インターネット革命　44
エンプロイヤビリティ　108, 109
オープン・イノベーション　84

■か行■

外部金融　172
科学的管理法　10
課業　10, 135
加重平均資本コスト　179
カネの現地化　125
株式　175
株式会社　5, 161
株式会社制度　12
株主価値経営　166
株主総会　5
貨幣的資源　8
借入金　175
監査役会　7
間接金融　172
カンパニー制組織　97
企業ドメイン　68
機能別戦略　67
キャリア教育　108
急進的イノベーション　88
競争戦略　67

共通価値経営　168
クローズド・イノベーション　84
グローバル　101
グローバル人材　102
グローバル・マーケティング　42
グローバル・マトリックス　99
経営戦略　66
経営の現地化　124
公企業　4
合資会社　5, 160
公私合同企業　4
合同会社　5, 162
行動科学的管理論　138
合名会社　5, 160
個人企業　160
コーポレート・ガバナンス　163
雇用ポートフォリオ　108, 149

■さ行■

CSR　19, 166
私企業　4
事業戦略　67, 72
事業部制組織　95
自己実現欲求　139
市場開発戦略　69
市場浸透戦略　69
持続的技術　89
C to C　60
資本コスト　178
社会人基礎力　111
社会的責任　19
社債　174
終身雇用　146
職能別組織　95

199

人的資源　7
人的資源管理　142
垂直統合　21
SWOT分析　76
ステークホルダー　2
成長ベクトル　69
製品開発戦略　69
製品ポートフォリオ・マネジメント
　（PPM）　70
全社戦略　67
漸進的イノベーション　88
戦略策定　67
総資本利益率（ROA）　58
組織的怠業　9

■た行■

多角化　21
多角化戦略　69
チャンドラー，A.D.Jr.　54, 66
直接金融　174
テイラー，F.W.　8, 9, 134
テクノロジー・プッシュ　81
トランスナショナル　101
取締役会　6

■な行■

内部金融　172
内部要因分析　73, 74
内部留保　176
成行管理　10
日本的経営　146

人間関係　135
年功賃金　151

■は行■

破壊的技術　89
B to B　60
ヒトの現地化　124
PPP戦略　48
標準化　46, 134
five forces　72
物的資源　7
VRIOフレームワーク　74
ホーソン実験　136

■ま行■

マーケット・プル　81
マーケティング　31
マトリックス組織　96
マルチナショナル　101
無限責任社員　160
モノの現地化　124

■や行■

有限責任会社　160
有利子負債コスト　179
4Ps　37

■ら行■

リニア・モデル　83
連鎖モデル　83

編著者紹介

吉沢　正広（よしざわ　まさひろ）

現　　職　諏訪東京理科大学教授
　　　　　立教大学卒業，愛知学院大学大学院博士課程満期退学
　　　　　博士（学術）
専　　攻　経営史，経営学
主　　著　単著『国際ビジネス論』（唯学書房，2008年），
　　　　　共著『グローバル時代の経営と財務』（学文社，2003年），
　　　　　編著『入門グローバル　ビジネス』（学文社，2006年），
　　　　　共著『明治時代史大辞典』（吉川弘文館，2011年），
　　　　　編著『歴史に学ぶ経営学』（学文社，2013年）他
所属学会　経営行動研究学会，経営史学会，国際総合研究学会他

やさしく学ぶ経営学

2015年3月5日　第一版第一刷発行

編著者　吉　沢　正　広
発行所　株式会社　学　文　社
発行者　田　中　千津子

〒153-0064　東京都目黒区下目黒3-6-1
電話(03)3715-1501（代表）　振替 00130-9-98842
http://www.gakubunsha.com

落丁，乱丁本は，本社にてお取り替えします。　　印刷／東光整版印刷㈱
定価は，売上カード，カバーに表示してあります。　　　〈検印省略〉

ISBN 978-4-7620-2525-9
©2015　YOSHIZAWA Masahiro Printed in Japan